eビジネス
新[illegible]

週刊東洋経済

No

不動産投資 光と影

Before

週刊東洋経済 eビジネス新書 No.383

不動産投資 光と影

本書は、東洋経済新報社刊『週刊東洋経済』2021年4月24日号より抜粋、加筆修正のうえ制作しています。情報は底本編集当時のものです。（標準読了時間 90分）

不動産投資　光と影　目次

熱狂する投資家と軟調な賃貸市場

都内に住む不動産投資家の村野博基さんは2019年、43歳で「セミリタイア」した。大手通信会社を退職し、保有するマンションの家賃収入で生活していくことを決めたのだ。

保有物件は都内のワンルームマンションを中心に29戸。家賃からローン返済や管理費などを差し引いた手取り収入は年間900万円。給与収入がなくても十分生活が成り立つ。「会社に縛られず、自分の好きなことをしていきたい」。村野さんは声を弾ませる。

コロナ禍で、不動産投資にいっそう注目が集まっている。都内で区分マンションの売買を手がけるランドネットの榮章博社長は、「将来不安の高まりから、資産運用として不動産投資を始める人が増えている」と話す。同社は21年2月、区分マンションの契約高が過去最高を記録した。

家計の「カネ余り」も一因だ。金融広報中央委員会の2020年8～9月の調査によれば、家計の金融資産保有額(2人以上世帯)は平均1436万円、中央値で650万円。コロナ禍で訪問調査を取りやめたため単純比較はできないが、19年調査での中央値419万円から1・5倍も増加した。運用難で資金は不動産へと流れ込む。

投資家の鼻息は荒い。不動産情報サイト「健美家(けんびや)」が会員向けに実施した調査によれば、約6割の投資家が「物件を探している」と回答した。株式や債券と比較して相対的に利回りが高いことも投資家を引きつける。

①投資意欲は旺盛

不動産投資を検討中の人は多い

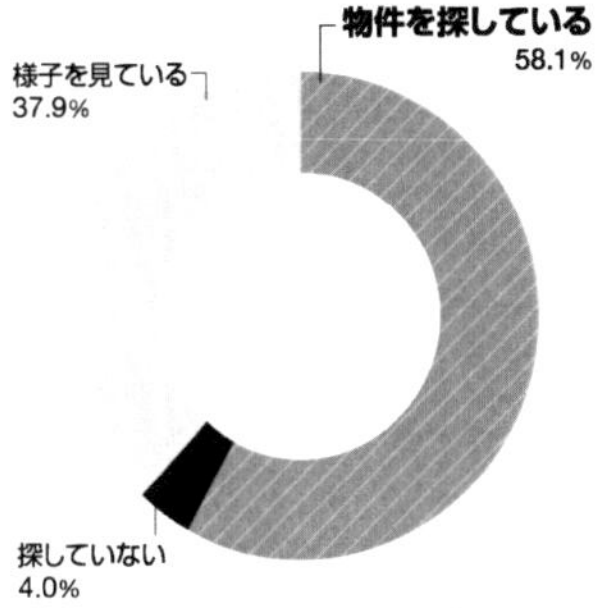

（注）2020年10月7～21日に投資家649名が回答　（出所）健美家

不動産の利回りはまだ魅力

1棟アパート	**9.45%**
1棟マンション	**8.00%**
区分マンション	**7.06%**
J-REIT（不動産投資信託）	3.96%
東証1部（加重平均）	1.96%
社債（世界投資適格）	1.71%
米国債（10年）	1.54%
日本国債（10年）	0.13%
定期預金（5年）	0.003%
普通預金	0.001%

（注）年間利回り。1棟・区分と東証1部は2月平均、預金は3月末、その他金融商品は3月9日時点
（出所）1棟・区分は楽待、東証1部は東京証券取引所、その他金融商品は三井住友DSアセットマネジメントの調査を基に本誌作成

前のめりの投資家とは裏腹に、金融機関は2018年に発覚したスルガ銀行による不正融資事件を契機に審査を厳格化。初心者が「フルローン」(物件価格全額を借り入れで賄うこと）を組むことは難しくなった。誰でも投資を始められる時代は終わり、物件価格の1～2割の自己資金を用意できなければ、参入自体が困難になっている。

そこで、土地付きなら数千万円から1億円を超える1棟物件に代わって、総額が安く融資の出やすい区分マンションの引き合いが強まっている。ただ、そこも「不労所得」の感覚で収益を上げられるほど甘い世界ではない。

②選別強める金融機関

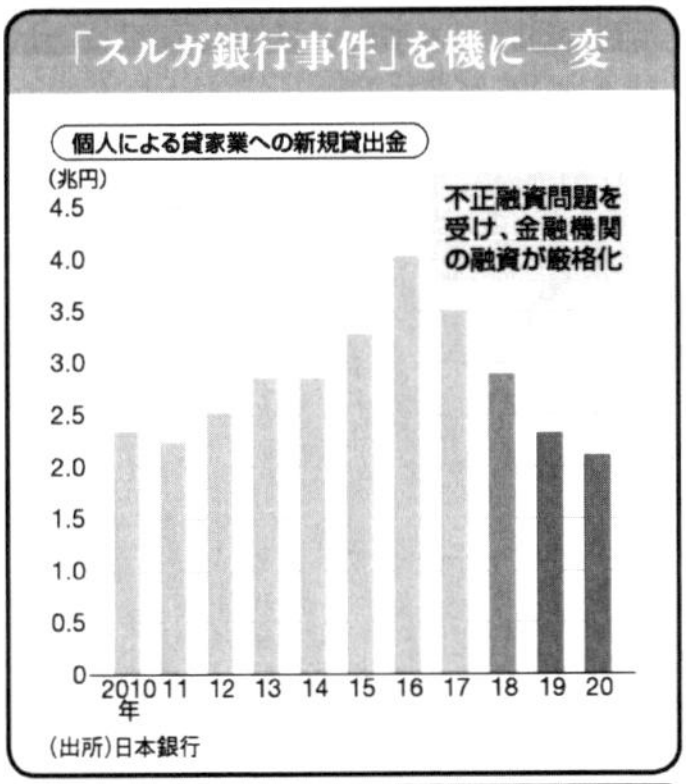
「スルガ銀行事件」を機に一変
個人による貸家業への新規貸出金
(兆円)
4.5
4.0
3.5
3.0
2.5
2.0
1.5
1.0
0.5
0
不正融資問題を受け、金融機関の融資が厳格化
2010年 11 12 13 14 15 16 17 18 19 20
(出所)日本銀行

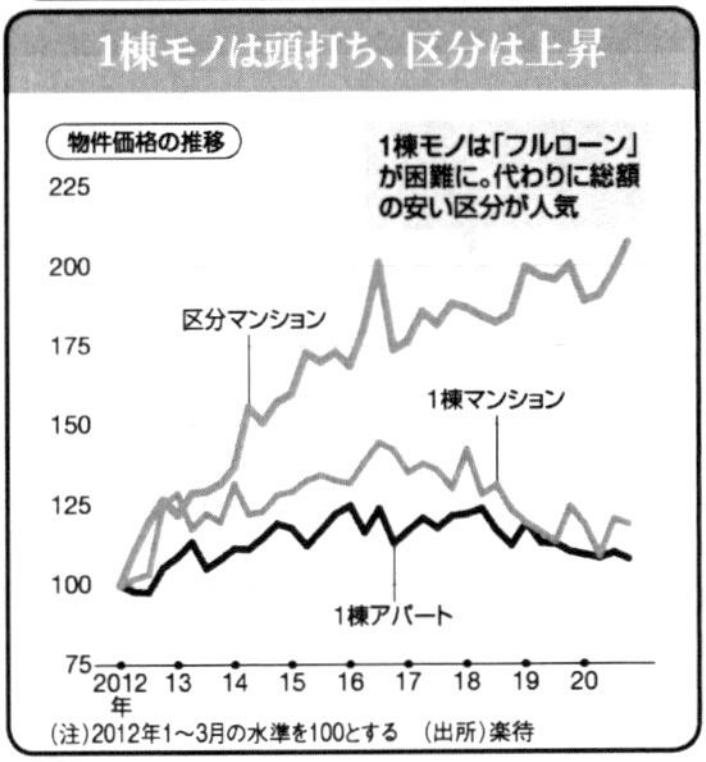
1棟モノは頭打ち、区分は上昇
物件価格の推移
1棟モノは「フルローン」が困難に。代わりに総額の安い区分が人気
225
200
175
150
125
100
75
区分マンション
1棟マンション
1棟アパート
2012年 13 14 15 16 17 18 19 20
(注)2012年1～3月の水準を100とする (出所)楽待

知識がなければ損失も

「不動産会社の営業担当者に言われるがまま物件を購入する人が多い。そういう投資家は家賃が入ってきても、結局は赤字で苦しんでいる」。都内で個人投資家向けに区分マンションの買い取りを行う業者の社長は話す。

「ようやく手放せました」。その業者の会議室には、物件を買い取ったオーナーからの感謝の手紙が壁一面に貼られている。だが、業者の社長は手紙を見つめながら冷ややかに言う。「彼らは高く買わされた後に安く買いたたかれただけ」。

安定収益をうたい文句に、業者が物件を借り上げて家賃を保証する「サブリース」でもトラブルが相次ぐ。「解約をしようとしたら、家賃36カ月分の違約金を請求された」。都内でワンルームマンションを保有する田中明宏さん（仮名）は嘆く。資産を増やすために始めた不動産投資で逆に損失を出してしまっては元も子もない。

株式投資と比べて「ミドルリスク・ミドルリターン」とされる不動産投資。中でも賃貸住宅はオフィスなど他用途と比べて景気変動に強く、不況期にも稼働が落ち込みにくいことが利点だ。

③賃貸市場は総じて軟調

賃貸成約件数は前年割れの地域が目立つ

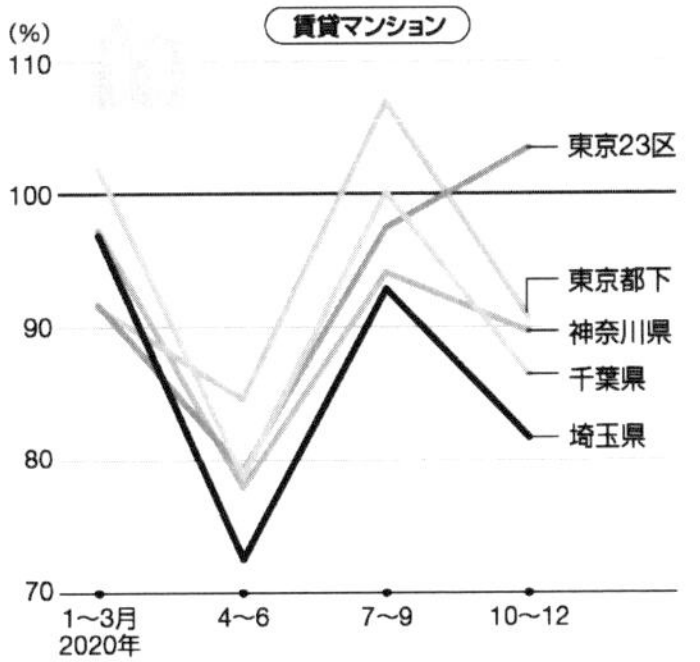

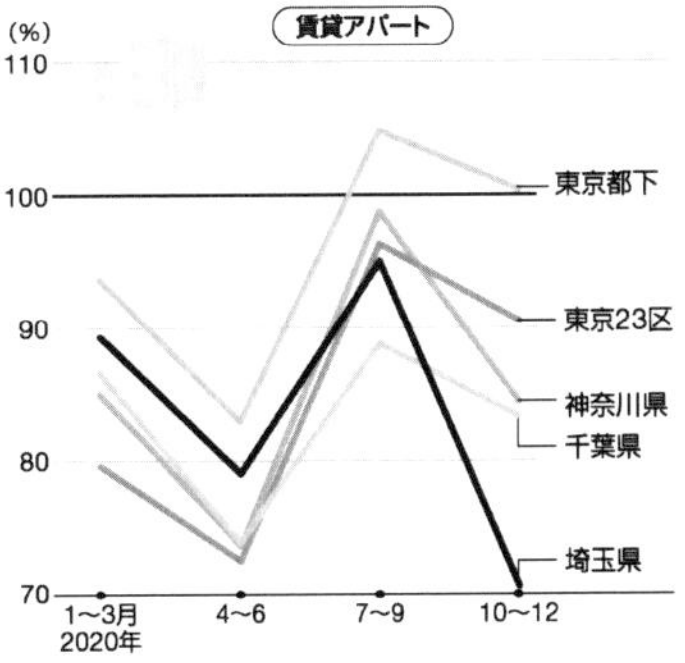

(注)取引数の前年同期比　(出所)東日本不動産流通機構

他方で先のグラフのように、コロナ禍が賃貸市場に及ぼす影響は無視できない。東日本不動産流通機構によると、2020年の首都圏での賃貸住宅取引件数は前年を割った。先行きが見通せない状況下、何が不動産投資の優勝劣敗を分けるのか。現場の光と影を追った。

（一井　純）

不動産投資家のリアル

2020年4月の緊急事態宣言以降、将来の収入不安に対する備えや運用資産を見直す動きから、不動産投資に目を向ける人が増えている。現状は「不動産投資ブーム」の様相を呈していると言っても過言ではない。

若い初心者が増加

ファーストロジックが運営する投資用不動産サイト「楽待（らくまち）」の会員登録数は、右肩上がり。2021年1月時点の楽待の会員数は23・6万人と、20年3月の19・6万人から20％超も増加した。

同じく、投資用不動産サイト「健美家」もユニークユーザー（ＵＵ、サイト訪問者）数がここにきて急増している。この２１年２月にはＵＵが１００万人を突破し、３月に入っても勢いは衰えず前月比で２５％も伸びた。

■ 投資用不動産サイトの登録数は急拡大

―楽待の会員登録数の推移―

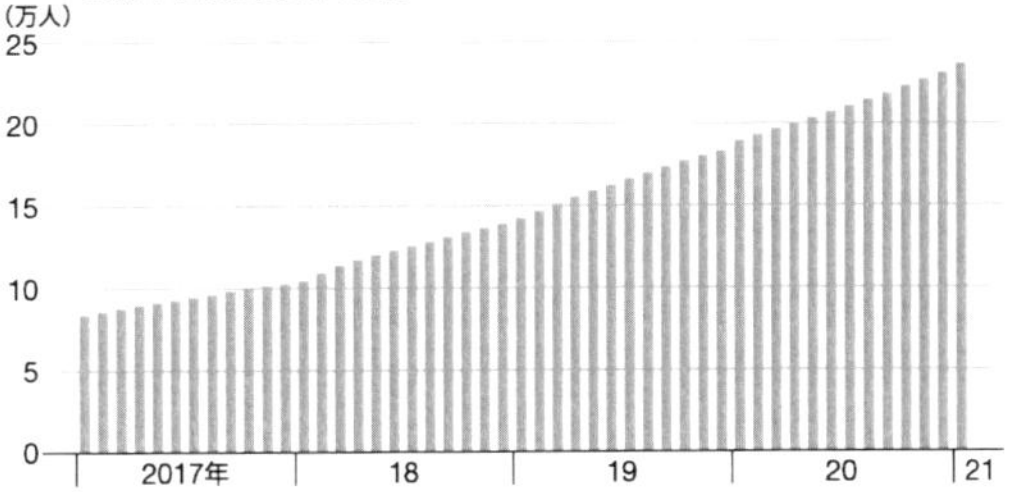

■ 訪問者数は100万人を突破

―不動産サイト健美家のユニークユーザー(訪問者)数推移―

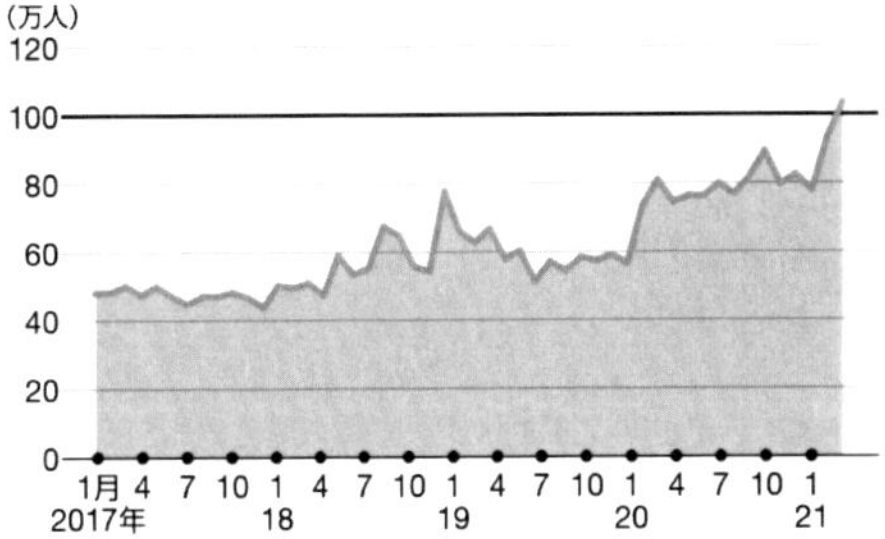

不動産投資への関心が高いことは確かなようだ。では、どのような層の人が投資意欲を高めているのだろうか。ファーストロジックの広報担当・尾藤ゆかり氏は「最近は若い層の投資意欲が増している。現在投資している人の半分ぐらいが初心者の方なのではないか」と語る。

楽待の会員の年齢層を見てみると、その傾向が鮮明に出ている。18年12月末時点（サイトが開設された2006年3月から18年12月までに新規登録した会員）では、登録者のうち26～35歳の割合が19・9％、36～45歳の割合が36・6％、合計すると26～45歳の会員は56・5％だった。これが21年3月15日時点（06年3月から21年3月15日までに新規登録した会員）では、26～35歳の割合が26・8％、36～45歳の割合が33・5％、合計すると26～45歳の会員は60・3％と3ポイント以上も増えた。

■ 26～45歳の割合が増加

―楽待の新入会員年齢層の割合―

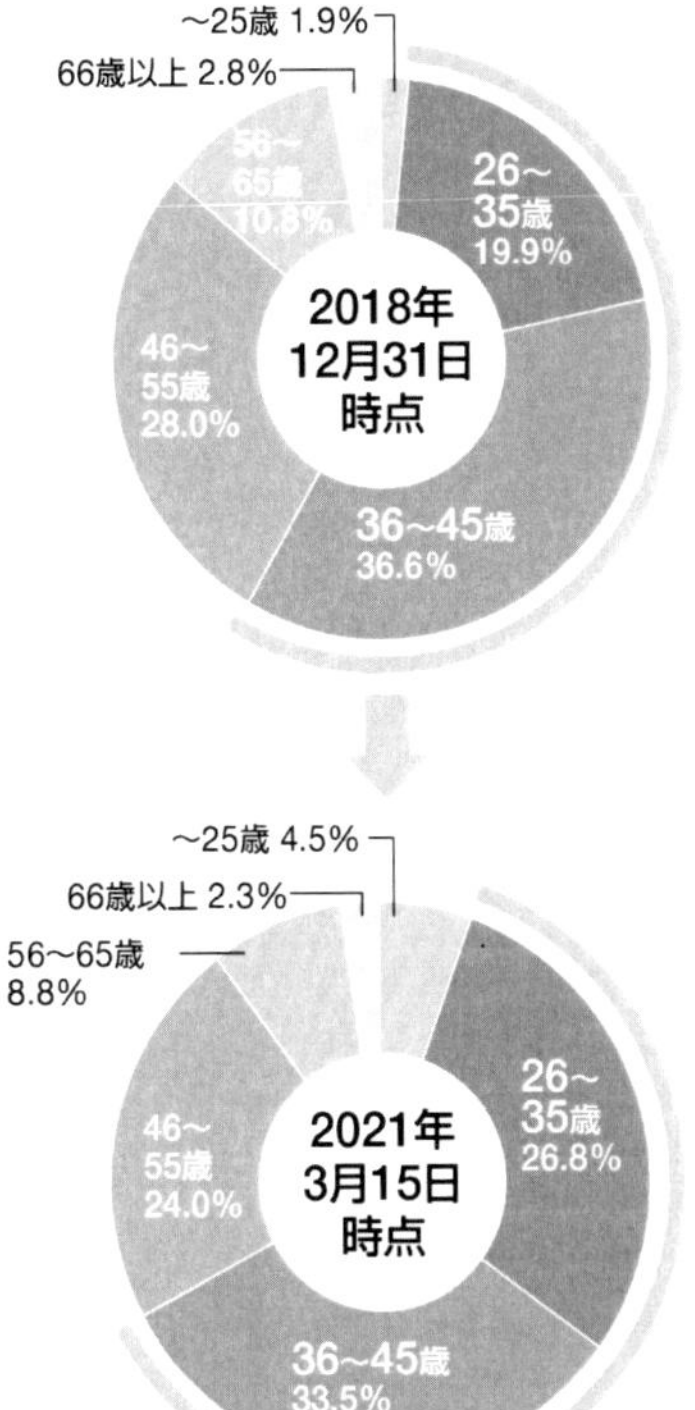

副収入として魅力が増す

次に不動産投資を始めた動機を見てみよう。健美家の倉内敬一社長は「老後の収入不安へのリスクヘッジ、そして副収入を目的にして投資を始める人が全体の8割ぐらいを占めている」と説明する。

実際、楽待が会員向けに21年3月に実施したアンケートによると、不動産投資を始めたきっかけは「資産運用のため」「給与以外の収入が欲しい」「老後の生活資金や年金の不安から」との回答が圧倒的に上位を占めた。

投資対象としては、2～3年前までは1棟アパートが活況だった。だが、18年にスルガ銀行がシェアハウスオーナーなどにずさんな融資をしていた問題が表面化して以降、金融機関は1棟物件を中心に融資を引き締めた。総額の張る1棟物件に対しては、アパート・マンション問わず融資が厳しくなっている。そこで、最近は比較的融資を受けやすい区分マンションが人気だ。

また「投資を始めたばかりの若い人は戸建てに目を向けることが多い」（ファースト

ロジックの尾藤氏）。ボロボロの戸建てを500万円以下で買って、自分でリフォームし賃貸するケースもある。ただ、ぼろ戸建て投資はリスクが高いため注意が必要だ。

かつて不動産投資といえば、中小企業経営者などが節税対策で木造アパートなどを建設するイメージが強かったが、最近は投資家層、参入動機ともに傾向が多様化しているようだ。

（梅咲恵司）

賃貸「繁忙期」に異状あり

「『ワンルームがそうとう余っている』と社内会議で話題になった」。東京都心部を中心に賃貸仲介を手がけるスタートライングループの城田章・常務取締役は話す。

賃貸住宅業界にとって、毎年1～3月は入社や進学を見据え入退去が活発になる繁忙期だ。同社が拠点を構える東京都中央区では、例年であれば3月までに入居できる物件は取り合いになるという。

だが、2021年は少々様相が異なる。「需要を牽引していた転勤の動きが鈍く、現在でもワンルームや1Kは選び放題だ」（城田常務）。

都心の人口増にブレーキ

アパート・マンション投資に欠かせないのが入居者の確保。投資用として最もメジャーなのは、単身者向けの10～20平方メートル台のワンルームや1Kタイプだ。ファミリー向けの広い住戸に比べて幅広い入居者層から引き合いがある。都心部の需給はこの数年逼迫し、退去通知を受領してから実際の退去発生までの間に次の入居者が決まることは珍しくなかった。

だが、新型コロナウイルスの拡大で人の移動が制限され、都市部への人口流入が細ったことで賃貸需要にも変化が出ている。

総務省の統計を基に2020年の自治体ごとの転出入の増減をみると、賃貸需要の高い東京23区は、コロナ禍が本格化した20年春は転出超過となった。通年では転入超過に転じた区も多いが、増加ペースはほとんどが鈍化。21年に入ってからも、東京都全体では転出超過の傾向が続く。

要因の1つは、賃貸需要の柱だった転勤が抑制されたことだ。「コロナ禍に翻弄された1年だった」。賃貸仲介を手がけるS－FITの衛藤明彦法人営業部長は、20年の賃貸市場をそう総括する。

最初の緊急事態宣言が直撃した4月は転勤シーズンで、4〜6月の社宅向け仲介件数は前年対比で半減した。その後も転勤を見合わせる企業が増え、「法人1社当たりの仲介件数は前年対比15〜20%減で推移している」(衛藤部長)。提携企業数を増やし、全体では何とか例年並みの仲介件数で持ちこたえた。

21年は転勤需要の回復を期待していたが、1月に緊急事態宣言が再発出され、再び企業が異動に慎重になった。「1社当たりの依頼件数は、例年の1割減で収まれば御の字だ。社宅向け以外に、従業員の自己都合での転居需要などを開拓する必要がある」(衛藤部長)。

都心部の軟調さは、「賃貸住宅の需給バランスが崩れたため」という指摘もある。都内の別の賃貸仲介業者は、「出張需要や訪日外国人客の縮小を受けて、ウィークリー・マンスリーマンション業者の撤退が増えている。撤退後の住戸を通常の賃貸住宅として募集した結果、都心部の賃貸住宅が供給過多になった」と明かす。

不動産情報サイトを運営するウィークリー&マンスリーの黒木健次郎代表取締役は、次のように語る。「都内や横浜市内はもともと競争が激しかった。さらにホテルの宿泊料金が著しく下がった結果、賃貸住宅を借りるよりもホテルに連泊したほうが得になった。週貸しや月貸しでは稼働が伸びず、一般の賃貸住宅へと切り替えざるをえない業者も多いのではないか」。

とりわけ影響が大きかったのは、本来競争力が高いはずの新築・築浅の賃貸マンションだ。機関投資家向けに賃貸市場の調査やコンサルティングを行うリーシング・マネジメント・コンサルティングによれば、都心3区（千代田、中央、港区）の築10年以内の賃貸マンション募集戸数は、コロナの蔓延と時を同じくするように上昇。足元の空室は6年前の水準にまで増加している。

客づけに手こずる物件に共通するのは、相場よりも高い賃料で高級さを売りに入居者を獲得する戦略を採用している点だ。

「さすがに無茶だ」。東京都江東区内の1棟新築マンションの募集広告を見た仲介業者幹部はあきれ顔だ。オーナーは機関投資家だったが、「新築のワンルームなら月9万5000円がせいぜいの立地なのに、11万円で募集をかけていた」（仲介業者幹部）。反響は鈍く、AD（仲介業者に支払う広告料）として賃料3カ月分、フリーレント3カ月、さらに仲介手数料は貸主持ちという破格の条件を提示するに至った。現場では「ADを支払わないと業者に客を紹介してもらえない」という声も漏れる。

存在感を高めていた外国人留学生や技能実習生の需要も、20年春からの入国制限が打撃となった。東京23区全体では20年1年間で外国人人口が約3万人減少。新宿区は4700人、豊島区は3200人と減少幅が23区内で1位、2位だ。空港が至近で日本語学校が多く所在する千葉県成田市も、転出超過数が県内ワーストとなった。

外国人向けに賃貸仲介や生活支援を行うグローバルトラストネットワークス（GTN）の辛宰ケイマネジャーは、「20年秋の入国制限緩和で一時的に盛り返したが、年始の緊急事態宣言再発出によって再び来日の見通しが立たなくなった」と嘆く。

中には2月の旧正月シーズンに帰国している間に入国が制限され、「来日できぬまま家賃だけが引き落とされている例も多い。室内の荷物も取りに帰れず、契約期間が満了したら更新しない入居者も多い」（GTNの董暁亮取締役）。同社は「自宅に帰れない」外国人の行政手続きを支援しつつ、入国再開に向け準備を進める。

追い風が吹く物件も

向かい風にさらされる賃貸市場だが、「追い風」が吹いた物件もある。筆頭は面積の大きいファミリー向けの住戸だ。不動産ポータルサイトのアットホームによれば、家賃が低迷している30平方メートル以下の住戸とは対照的に、50～70平方メートルの広い住戸は強含みだ。

■ 部屋の広さで明暗分かれる
—東京23区の賃貸住宅の家賃水準推移—

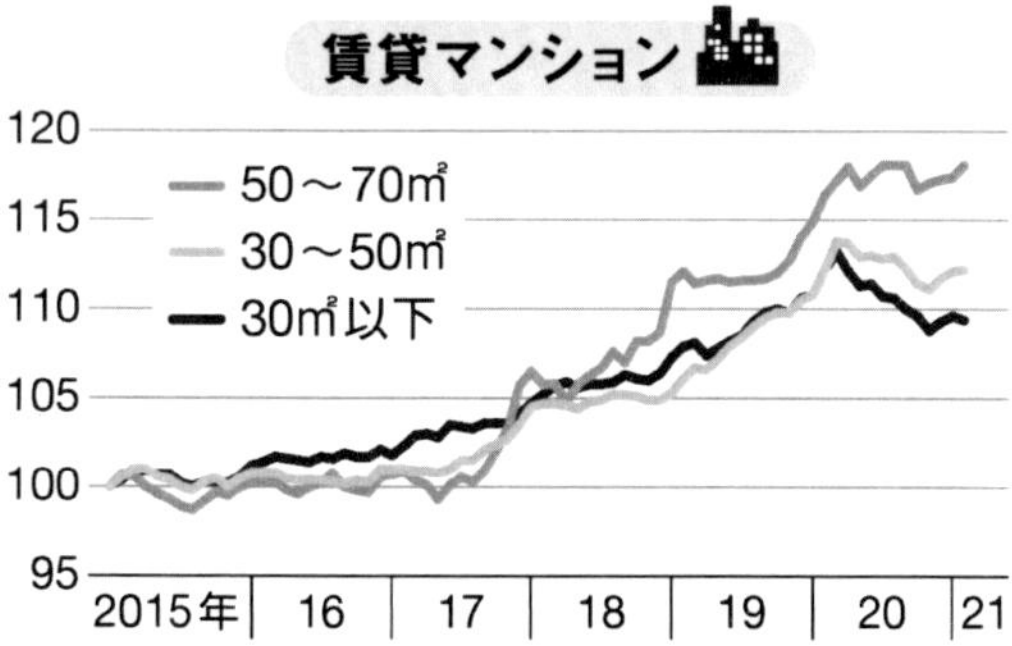

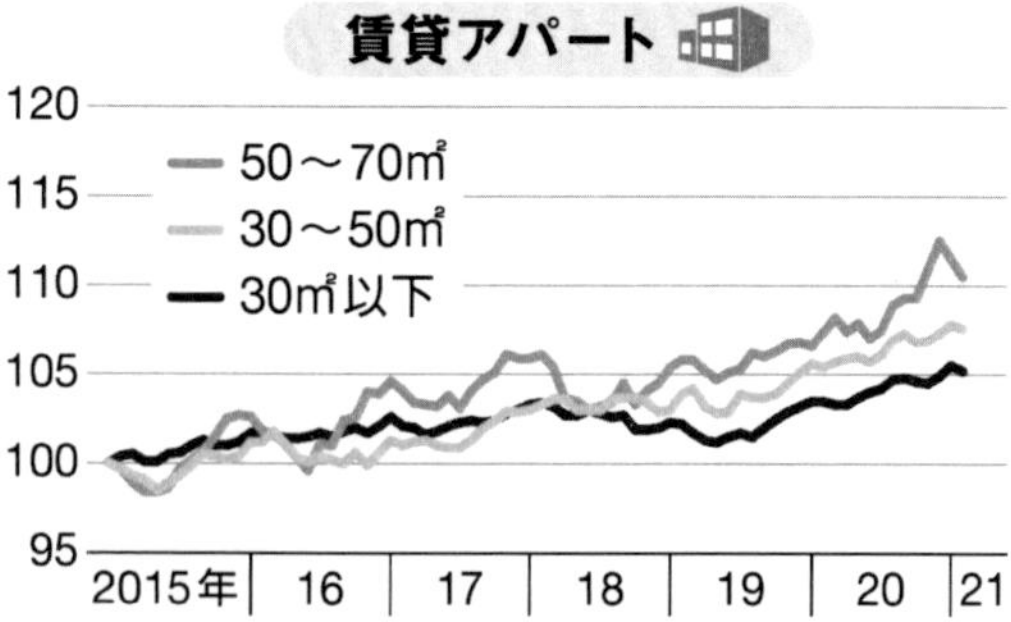

(注)2015年1月の水準を100とする　(出所)アットホーム

スタートライングループの城田常務は、「ＤＩＮＫＳ（子どものいない共働き夫婦）やファミリー向けの面積が大きい住戸は引き合いが強い。賃貸に出される住戸の数がワンルームと比較して少ないことから、多少強気な賃料でも成約している」と言う。ファミリー向け住戸の取り扱いが多い同社は、２０２０年5月の緊急事態宣言解除以降も仲介成約件数が前年対比でプラスだ。単身者向け住戸の落ち込みを補って余りある。

単身者向けにおいても広さを求める傾向がある。「在宅勤務のため仕事机を置こうとするともう1畳必要になる。築年数や設備仕様のレベルを落として、家賃水準を上げずに面積を増やす動きが見られる」（Ｓ－ＦＩＴの衛藤部長）。

賃貸仲介大手エイブルの槙彰大・東京東営業部長は、「6畳ワンルームの反響は減っている。最低でも8畳は欲しい。築古の２Ｋや１ＤＫといった間取りでも、予算内に収まるなら引き合いは強い」と述べる。槙部長の管轄する東京２３区東部は都内でも家賃が割安で、費用を抑えつつ広さを求める入居者が流入しているという。

通常なら年度末をもって一服する繁忙期だが、年始の緊急事態宣言再発出を受けて客の出足が鈍いため、４月以降も入退去の波が続く可能性もある。「1月は緊急事態宣言の影響で苦戦したが、3月は持ち直した」(エイブルの槙部長)。江戸川区や葛飾区、足立区内の仲介店舗では、21年3月の成約数が例年並みかそれ以上に増加した。

学生寮や学生向け賃貸住宅の仲介・管理を行う学生情報センターの広報担当者は、「リモート授業の導入可否が決まるまで、部屋探しを先送りする学生が多い。4月以降も入居の動きがあると想定している」と話す。リモートと対面を併用する学校が多く、学生向け住宅への影響は限定的とみる。

「ニューノーマル」を先読みし、動き出した個人投資家もいる。新築マンションの建設を検討している不動産投資家の岡本公男さんは、「単身向けとしては広い25〜30平方メートル程度の住戸を検討している。狭小住戸に比べて入居期間が長くなる傾向がある」と話す。長引く在宅で騒音トラブルが増えるとみて、防音性能も向上させる。

首都圏なら安泰。そんな風潮をコロナ禍が一変させた。「在宅が長引いたためか、入居者は例年よりも賃貸市場をよく調べている。相場より高い家賃は見抜かれる」(都内の仲介業者)。好立地に甘んじず、物件の競争力を磨く努力がこれまで以上に問われる。

(一井　純)

1棟物件のフルローンは困難に

銀行融資「狭き門」の突破法

「ビジネスパーソンが1棟物件のフルローン（物件価格満額の融資）を引くのは困難」

住宅コンサルティング会社「MFS」の浦濱純一不動産投資ローングループリーダーはそう話す。

2017年ごろまでは、運用難の金融機関が個人向け不動産投資ローンを強化し、「借り手優位」の状況だった。年収1000万円に満たないビジネスパーソンが、1億円もの1棟アパートやマンションを購入するためにフルローンを引く光景が日常的に見られた。

転機が訪れたのは2018年。スルガ銀行によるシェアハウス向けローンで不正が発覚して以降、物件価格の1～2割が頭金として求められるようになった。MFSの調査によれば、諸費用と合わせて少なくとも2割弱は頭金を求める金融機関が多いようだ。

自己資金を工面できない投資家がふるい落とされた結果、1棟物件は流動性が落ち、物件価格は頭打ちになった。対照的に、提携する不動産業者経由で申し込めば容易にフルローンが引ける区分マンションの引き合いが増えている。

その区分マンションでも、融資環境に変化が出ている。物件よりも個人の属性が重視される区分マンション融資では、これまでは年収が400万円あればフルローンを引けていた。だが、この1～2年は「年収500万円でも勤務先が大手企業や上場企業でなければ、否決される例が増えている」（投資用マンション販売業者）。

区分マンションへの融資に積極的なオリックス銀行は、融資期間が最長45年間のローンの取り扱いを21年4月に終了した。理由について塩貝明大執行役員は、「雇用環境が変化し顧客の給与に不透明感がある。賃貸市場の先行きを見極めたい」と話す。コロナ禍で解雇や給与削減が増える中、物件を売却するときの損失に耐えられなくなるオーナーが出るリスクも考慮したようだ。

イオン住宅ローンサービスも45年ローンについて「取り扱い条件の見直しを検討している」（広報担当者）という。

余波はさらに広がる。「バブル崩壊後の状況に先祖返りした」と、元メガバンク勤務で自身もアパートやマンションなどを複数保有する岡本公男さんは話す。「以前ならキャッシュが回って元利金の返済が滞らないならよしとされていた。それがスルガ銀の不祥事を契機に、担保評価重視へと先祖返りしている」。

より厳しくなっているのは法定耐用年数を超える期間に及ぶ融資だ。住宅の場合、木造なら22年、鉄筋コンクリート造で47年。あくまで税務上の減価償却の算定基準であり、建物の実際の寿命はそれより長い。金融機関もこの期間に縛られず融資をしてきたが、最近は「法定耐用年数を超える融資には慎重になっている」（岡本さん）。

■エリアや頭金割合にも注目 ―各金融機関の商品一覧―

不動産投資ローン

金融機関	金利	取り扱いエリア
ソニー銀行（ジャックス保証）	1.49%	首都圏
イオン銀行（ジャックス保証）	1.50%	東京23区、横浜市、川崎市、大阪市、福岡市（一部）
東京スター銀行	1.55%	全国
SBJ銀行	1.575%	首都圏、近畿、福岡、中部
オリックス銀行	1.65%	首都圏
クレディセゾン	1.65%	首都圏
関西みらい銀行	1.65%	関西圏
イオン住宅ローンサービス	1.80%	東京23区、横浜市、川崎市、大阪市、福岡市（一部）
じぶん銀行（ジャックス保証）	1.80%	全国
ハナ銀行	2.50%	全国

アパートローン

金融機関	金利	取り扱いエリア	必要な頭金の割合
日本政策金融公庫	1.00%	全国	30%
京都銀行	1.00%	京都府など	30%
千葉銀行	1.00%	首都圏	30%
徳島大正銀行	2.10%	徳島県など	17%
オリックス銀行	2.30%	首都圏	17%
埼玉縣信用金庫	2.475%	埼玉県および近県	17〜27%
香川銀行	2.55%	香川県など	17%
滋賀銀行	2.70%	滋賀県など	27%
三井住友トラスト・ローン&ファイナンス	2.90%	全国	17〜27%
静岡銀行	3.60%	首都圏	17%

（注）金利は最優遇。ソニー銀行（ジャックス保証）は別途融資手数料が必要。一部商品は提携不動産会社経由での申し込みが条件。必要な頭金の割合には諸費用を含む
（出所）モゲチェック不動産投資、取材を基に本誌作成

支店ごとに異なる事情

向かい風の中、アマチュア投資家はどう立ち回ればよいのか。不動産投資家の天野真吾さんは、「(すでに物件を保有している投資家は)抵当権のついていない物件(銀行が担保に取れる物件)を持つのが大事だ。新築のアパートでも区分マンションでも、買った物件の残債を徐々に減らし無担保物件にできれば、より大きな物件の融資が受けられる」と話す。

前出の岡本さんは、金融機関、あるいは支店ごとに融資姿勢が違うことを指摘する。「不動産向け融資の不良債権が増えている金融機関なら、融資を抑えようと考える。ノルマ未達の支店なら、不動産に融資して残高を伸ばそうとする」。

融資条件は個別性が強く、公表資料に記載されている条件はあくまで一例。金融機関や担当者との付き合いによっても変わる。物件資料だけでなく自らの資産背景や投資計画も金融機関に詳細に説明する投資家は多い。門戸が狭まったと嘆くだけでは始まらない。

(一井　純)

「もはや別の銀行」との指摘も

スルガ銀行　水面下での変節

「2020年、スルガ銀行の担当者が何度も営業に来た」。都内のワンルームマンション販売会社の幹部が明かす。条件が折り合わず提携には至らなかったが、「不動産に積極的に融資をしたい様子だった」（同幹部）と振り返る。

18年に発覚したシェアハウスをめぐる不祥事を受け、投資用不動産向け融資を凍結させていたスルガ銀。だが足元では不動産への回帰が鮮明だ。都内のアパート販売会社社長は、「提携金融機関の中ではスルガ銀にいちばん案件を持ち込んでいる」と話す。

不動産投資家の間では「もはや富裕層重視の銀行になった」との見方がもっぱらだ。スルガ銀が19年11月に公表した中期経営計画では、顧客の主軸を従来の金融資産

5000万円以下の「マス・アッパーマス層」から、1億円以上の富裕層へ移すと標榜する。前述のアパート販売会社も顧客は富裕層が中心だ。

公表資料によれば、20年3~12月に、資産管理会社向け投資用不動産ローンとして93億円を実行している。融資状況についてスルガ銀は「コメントを控える」とするが、属性が低い層へ高金利で貸し出す姿勢は影を潜めた。

元々スルガ銀は、他行から融資を断られたオーナーにとって駆け込み寺だった。「普通の銀行」へと脱皮を図る同行だが、思惑どおりに進むかは予断を許さない。

コロナ時代　不動産投資の焦点

先行きが混沌とする中で、今後の投資はどこに着目すべきか。不動産のプロ3人に直撃した。

管理組合の運営状態をチェック（さくら事務所　会長・長嶋　修）

不動産投資は2020年4月に緊急事態宣言が発令された頃から、かなり盛り上がっている。個人の方が将来の年収や働き方を見据えて副収入を考えるときに、不動産投資が選択肢の1つになっているのだろう。

一方で、不動産価格は上昇傾向にあり、利回りがずいぶん下がった。築年数がかかなり経過したワンルームだと表面利回りが6％台、新築だと3〜4％になることも珍しくない。今は膨張したマネーが不動産や株式市場に流れた1985年以降のバブルの雰囲気に似ている。低金利ということもあって、新築マンションの価格は23区内では8000万円台が当たり前。郊外でも4000万円では買えなくなりつつある。理論的には説明ができない水準だ。安定収益目的の不動産投資は手がけにくくなっている側面がある。

現状は各個人の資産ポートフォリオ、つまり現金、株式といった保有バランスの中で、その一部分を不動産に置き換えておき、資産価格の上昇を見据えるというような方向性の投資が適しているのではないか。

スルガ銀行や西武信用金庫の不正融資の影響で、2018年ごろからアパートやマンションの1棟ものについては融資が厳しくなった。ただ、過剰感のあったところが引き締められた程度で、全体がしぼんでいるわけではない。金融機関はワンルームマンションなどビジネスパーソンが普通にローンを組める範囲（3000万〜4000万円）の融資には、依然積極的だ。

低金利はしばらく続きそうだ。景気を下支えする意味で、政府は当面金融緩和政策を維持するのではないか。少なくとも2年くらいは今の水準の低金利が続いても、おかしくはない。

コロナ禍での投資には留意したいポイントがある。マンション投資は現状だと、利回りを求めるために築年数の古い物件、例えば80年代から量産された築30年とか40年のワンルームマンションを物色しがちになる。こういった時期に投資用に造られたマンションは、大規模修繕のための積立金が貯まっていないなど管理組合の運営がひどいところが少なくない。えてして、住民が一時金を出し合って修繕することもしなくなるので、建物はどんどんみすぼらしくなっていく傾向にある。マンション管理組合の運営状態をある程度把握してから投資の判断をするとよいだろう。

長嶋　修（ながしま・おさむ）

1967年生まれ。99年に個人向け総合不動産コンサルのさくら事務所設立。政策提言も積極的に行い、著書も多数。

都心部の空室が顕著に増加（リーシング・マネジメント・コンサルティング社長・齊藤晃一）

コロナ禍が本格化する以前、機関投資家といったプロオーナーは賃貸住宅の募集に当たって強気な条件を設定していた。礼金は2カ月、仲介業者向けの広告費はなし、といった具合だ。潮目が変わったのは2020年3月ごろ。まず動いたのは礼金だ。2カ月から1カ月、さらに礼金なしと徐々に条件が緩和していった。広告費も月額家賃の1～2カ月分を支払う物件が増えてきたが、募集家賃は最後まで下げ渋った。

それでも空室の埋め戻しに苦戦している。弊社が独自に集計したデータでは、都心3区（千代田、中央、港）における築10年以内の賃貸マンションの募集戸数は、コロナ禍を機に底を打ち、現状では2015年当時の水準まで増加している。

REIT（不動産投資信託）が保有する賃貸マンションの稼働率を見ても、やはり15年水準まで落ち込んでいる。20年秋ごろからはオーナーもいよいよ募集賃料を見直し始めた。それに他社が追従し、相場が押し下げられる要因となっている。

とくに苦戦している物件は、25平方メートル以下の狭小なワンルームタイプだ。広さを求める入居者が増えている。新築の供給が増加している江東区や墨田区で競合が激化。外国人留学生が多く滞在していた新宿区でも転出超過が目立つ。

現在の賃貸市場では、部屋数の多い物件が評価されている。同じ面積なら多少築年数が経過していても、ワンルームより1DKのほうがニーズは高い。これまで賃貸市場では中途半端な面積帯とされていた40平方メートルの1LDKについても、広さを求める入居者から反響がある。

コロナ禍当初に竣工したマンションは築1年が経過し、「新築」のカテゴリーから外れる。新築時のプレミアムを乗せた賃料で募集することはさらに難しくなり、仲介業者への広告費も3カ月分など今以上のインセンティブが必要になるだろう。

アベノミクス以降は都心部など人口が増えているエリアへの投資が加速してきた。しかし、足元では都心部でも転出数が超過する自治体が出現しており、立地戦略の見直しが求められる。

コロナの終息後もテレワークは一定程度定着するだろう。毎日通勤する必要がなくなれば、駅距離が物件の競争力を左右する絶対的な要素ではなくなる。感染リスクがほぼゼロになった状況でも企業がテレワークの継続を決めれば、郊外に転居する動きが活発になる可能性がある。

齊藤晃一（さいとう・こういち）
ＩＴ企業等を経て、２００５年当社入社。１４年から現職。投資家向けに賃貸市場の市場調査や集客コンサルティングを行う。

自分に合った投資スタイルを（健美家　社長・倉内敬一）

不動産投資の人気は依然として高い。行き場を失ったお金が不動産に流れ込んでいる。都心部の物件は４～５％の表面利回りで取引されているが、金融商品で同程度の利回りを取るのは難しい。物件が資産として残ることも不動産投資の利点だ。

不動産投資はもともと、資産家のための運用手段だった。ビジネスパーソンにも門戸が開かれたのは最近だ。2000年代前半あたりから、ビジネスパーソン向けの不動産投資ローンを扱う金融機関が増えてきた。当時は投資家というよりも賃貸事業の経営者との自負を持った人が多かった。

この2~3年はビジネスパーソン向け融資が厳しくなり、物件価格の1~2割を頭金として求められるようになっている。ただ弊社の会員向け調査では、給与所得の一定額を貯蓄に回したり、生活費を節約したりと、地道に資金を貯めて頭金をつくっている人は多い。

新たに参入した投資家の中には、投資に対する知識があまりなく、われわれからすると心配になる人がいる。最近の取引を見ていると、物件価格の高騰を受けて安価な築古戸建てを買う動きが目立つ。500万円で買った戸建てをリフォームして月5万円程度で貸し出す、といった内容だ。利回りは魅力的だが、破損や漏水などリスクも相応に大きい。十分な知識なしに初心者が手を出すのはリスクだ。

1物件だけ購入して終えるならよいが、物件を買い増して資産を築くつもりなら、徹底した情報収集は欠かせない。書籍のほか、最近ではオンラインセミナーも増えている。講師の中には自分で投資をせず、業者への紹介料で利益を得ている人もいる。

情報を鵜呑みにせず、取捨選択が大切だ。

物件を探す前に、自分が投資をする目的を明確にすべきだ。安定収益として長期的に保有するのか、途中で売却して早期に利益を確定させたいのか。がつがつ稼ぎたい人にとって、利回りの低い新築マンションは物足りないだろう。面倒くさがりな人なら、手間のかかる築古の木造物件は薦めない。

焦って物件を購入する必要はない。じっくり探せば、これだと思う物件は見つかる。欲しい物件の融資が出ないからと、しびれを切らして購入基準を妥協してはいけない。「物件を買いたい病」にかかってしまう投資家もいるが、軸がぶれてはいけない。

倉内敬一（くらうち・けいいち）

1974年生まれ。98年リクルート入社。その後不動産販売会社で1棟物件の売買を担当、2008年健美家入社。12年から現職。

（構成・梅咲恵司、一井　純）

アパート投資で勝つ方法

「一時はどうなることかと思ったが、今は安定して収益が出ている。物件の買い増しも考えている」

4年前、「参加すると楽天ポイントがもらえる」とうたった不動産投資セミナーに参加して、旧TATERU（現Robot Home）の新築アパートで不動産投資を始めた牧野浩さん（40代、仮名）。8000万円のフルローンで埼玉県の越谷駅から徒歩6分の場所にアパート1棟（6戸）を建て、翌2018年には大阪市生野区にも同じ規模のアパートを建てた。

ところがその年、TATERUで顧客預金データの水増し改ざんが発覚。牧野さんの営業担当者も不正に関わっていた31人の社員の一人だった。

「幸い自分のデータは書き換えられていなかったが、迷惑をかけたということで、管理手数料が免除になった」（牧野さん）

そういった対応に納得した牧野さんは、TATERUへの管理委託を続けることにした。1戸当たりの家賃は月6万～7万円で、表面利回りは越谷の物件が6％、大阪の物件が7％ほどになる。

「利回りはさほど高くないが、今のところ両物件とも満室で運用は想定どおり」だという。大手企業に勤める傍ら、ファイナンシャルプランナー（FP）の資格を持ち、株式投資の経験も豊富な牧野さん。アパート投資で勝つ秘訣については、「まずは物件の立地、周囲の環境を理解していることが大事」と強調する。

越谷の物件は牧野さんの実家の近くということもあり、街の雰囲気、住民の層を把握している。「街にどんな施設ができて、どんな施設がなくなるのか。住民はファミリー層が多いのか、単身者が多いのか。そうしたことが皮膚感覚でわかると、アパートをどう運営すればいいかが直感的に判断できる」（同）というわけだ。一方、土地勘がない大阪の物件はコロナ禍でインバウンド需要の回復を見込みづらく、売却を検討中だ。

牧野さんはつねに収支に目を凝らしておく必要性も説く。「不動産投資は失敗すると後戻りできない。つねに収支シミュレーションを重ね、減価償却費とキャッシュフロー、ローン残高をにらみながら物件の入れ替えもしていく」。

「悪い材料は出尽くした」

「賃貸住宅の着工戸数は、悪い材料が出尽くして、底を探っている状態」と話すのは、建設経済研究所の三浦文敬研究理事だ。

2015年の相続税増税を機に節税対策としてアパート投資が推奨され、低金利下の貴重な収益源とみた地方金融機関がこぞって融資を行ったことで、アパート建設はラッシュを迎えた。

しかし、18年にシェアハウスオーナーらに賃料を支払えずサブリース会社が破綻、ずさんな融資をしていたスルガ銀行が糾弾される「かぼちゃの馬車事件」が起きた。

同年にはレオパレス21の施工不備などの問題も次々に発覚。18年度以降の税制改正では毎年のように「節税包囲網」が張られ、不動産投資の節税メリットは徐々に薄れていく。そして20年に入るとコロナショックが襲いかかり、投資家の姿勢は慎重になる。こうしてアパートの着工戸数は減少の一途をたどっていた。

建設経済研究所が1月に公表した「建設投資の見通し」では、20年度のアパートなど「貸家」の着工戸数は対前年度で10・5%減の29万9500戸。21年度も同1・5%減の29万5000戸の見通しとなっている。ただ減少幅は徐々に縮小し、21年度下期には伸び率がプラスに転じると予想する。三浦研究理事は「コロナ禍での景気動向をもう少し見る必要はあるが、持ち直しの可能性もないわけではない」と話す。

賃貸住宅の着工戸数、つまり供給の「底入れ」の背景には、底堅い需要がある。不動産コンサルティング会社さくら事務所の長嶋修会長は、「ワンルームマンションなどへの投資意欲は、『20年の緊急事態宣言以降も旺盛だ』という不動産サイト運営会社のアンケート結果もある。アパートでは、好立地で戸建て住宅のようなメゾネットタイプの物件などにはまだまだ需要がある」と述べる。

節税対策として単に「建てればよい」とされることもあったアパート・マンションは、リモート授業の浸透で学生が実家に張り付いたり、入国制限で外国人需要が蒸発したりして、とくに東京都区部の物件で空室率の上昇が顕著だ。

一方、ファミリー向け賃貸住宅や単身向けでも8畳以上の広めの物件は引き合いが強い。テレワークの浸透で、広めの間取り、防音のしっかりした部屋など付加価値の高い物件には、戸建てと同様、賃貸でも根強い需要がある。こうした傾向を捉え、ハウスメーカーも商品づくりに力を入れる。

若者は省エネ賃貸に関心

ミサワホームは2020年12月に耐震木造の賃貸住宅シリーズで、リビングルームの一角を壁で仕切りワークスペースを設けた新商品を売り出した。床には抗菌処理フロアを採用した。

さらに21年1月、ロフトや床下に大きめの収納スペース「蔵」を組み込んでヒットした賃貸住宅シリーズでも、共働き世帯向けに1LDKの間取りながら2〜3畳のワークスペースを2カ所設置した商品の販売を始めた。

こうした商品の投入もあり、同社では21年3月の賃貸住宅の対前年同月比受注金額が、5%増となった。20年度累計でも前年度比10%増と好調だ。

積水ハウスは「省エネ」で勝負する。18年から販売している省エネ住宅（ZEH＝ネット・ゼロ・エネルギー・ハウス）の賃貸シリーズを一気に拡販し、年間3000戸程度だった受注戸数を3年後までに5000戸へ伸ばす。省エネへの関心が高い若者層に照準を合わせる方針だ。

屋上の太陽光パネルとそれぞれの部屋をつなぎ、壁には断熱材、窓には複層ガラスを入れて熱効率を高め、省エネを図る。エアコンは高効率、浴槽は高断熱仕様、照明は当然LED。蓄電池も装備する。入居者は電気を自家使用するほか、各自で売電もできる。同社の調査によると、このZEH賃貸住宅では、入居者の光熱費は月6500円余り削減できるという。

積水ハウスの石田建一常務（取材当時）は、「オーナーにとってはZEHのメリットを前面に出すことで高めの家賃を設定できるだろう。入居者にとっても光熱費が下がるほか、停電していても電気を使えるなど利点は多い」と話す。

不動産投資は今後、これまで重視されていた節税対策の巧拙だけではなく、入居者のニーズをくみ取った商品をきちんと用意できるかも勝敗を分けるカギとなりそうだ。

（森　創一郎）

サブリース　まさかの盲点

「サブリース契約に関するトラブルにご注意ください！」。消費者庁や金融庁のホームページでこのような注意喚起がなされるほど、サブリース契約に関するトラブルは多い。

サブリース契約とは、アパートやマンションなどの賃貸住宅を、家主（オーナー）から一定額の保証賃料でサブリース会社が借り上げ、入居者へ転貸する契約のこと。オーナーにとっては入居者募集や物件管理の手間が省けるというメリットがある。しかし、入居賃料の10～20％の手数料がかかるほか、保証賃料が減額されたり、契約を突然打ち切られたりするリスクもある。

営業員が「必ず儲かる」と言ってリスクをほとんど説明しないまま契約させ、後にトラブルになるケースも多い。あるサブリース会社の元営業員は明かす。「保証賃料の減額リスクについてはオーナーへ説明はするものの、2時間ほど話す中で、なるべく印象に残らないようさらっと済ませる」。2019年の国土交通省のアンケート調査では、賃料減額のリスクについて「事前説明を受けていない」と回答するオーナーが全体の29％にも上った。

こうした不誠実な営業が横行する中、政府は重い腰を上げ、20年12月15日、オーナーの被害を食い止めるべく「サブリース新法」を施行した。だが皮肉なことに、新法施行により、新たな被害が表面化している。

新法対応に追われる業界

新法で改善された点は主に3つ。まず、賃料の減額リスクやサブリース会社からの途中解約の可能性、オーナーからの解約には「正当事由」が必要なことの書面での説明が義務づけられた。次にそうしたリスクを説明・表示しない広告や勧誘が禁止された。そしてサブリース契約を勧める業者だけでなく、業者から依頼を受けた者にも規制の対象が広げられた。違反者には業務停止命令が出されたり罰金が科されたりする。

この新法施行によりサブリース業界は一斉に対応へ動いた。最大手の大東建託はパンフレットを改訂し、外部通報窓口を設置。顧客への提案資料を社員が独自に作って使用することも禁じた。同じく大手のレオパレス21は、施工不良問題を抱え保証賃料の減額交渉を進めている中、新法施行が重い負担となっている。

新法は新規の契約を結ぶ際に、サブリース会社へ説明などの義務を課すものだ。ただ、既存の契約を更新するときでも、保証賃料など重要事項で変更があるときは、新規の契約と同様、新法に沿った対応が求められる。

レオパレスは契約更新を迎えるオーナーに対し、20年12月から「必要に応じて適正な賃料に向けたご相談をさせていただく」と記した通知を送付。鑑定会社が周辺相場と比較した標準家賃額を記載した「賃料査定報告書」などを郵送している。その数は毎月1000件前後に上り、順次面談のアポイントメントを取り付けているという。

面談では新法に則して、賃料の減額リスクや解約リスクなど重要事項の説明を改めて行い、更新の意思確認をする。そのうえで1週間の時間を置いて、減額した賃料を記載した更新契約書を持参し、契約を取り交わす。

レオパレス21の竹倉慎二経営企画部長は、「新法の施行により、2度にわたって面談しなければならなくなり、非常に労力がかかっている。ただ、賃料の減額をお願いするアポイントにはなかなか応じてもらえないと思っていたが、想定より交渉は進んでいる」と言う。

このように新法施行で、新規のサブリース契約は透明化が進みつつある。だが、新規契約のハードルが上がった分、既存契約者への締めつけが厳しくなっているようにも見える事態が噴出している。

3年分の立ち退き料請求

「会社の方針が変わり、解約には応じられなくなった」

都内でワンルームマンションを経営する田中明宏さん（30代、仮名）はサブリース会社の担当者からの言葉に耳を疑った。

田中さんは社会人になって間もなく、仲介会社からの電話で「ワンルームマンション経営は節税になる。ローン返済後は賃料収入でまるまる儲かる」などとしつこく勧誘され、20代前半でマンションオーナーになった。

「それまで株などの投資経験はなく、不動産の法律の知識もなかった。サブリースは家賃が保証されると思って軽い気持ちで始めてしまった」（田中さん）

ローンの返済が重く、当初から赤字経営だった。さらに4年前、周辺相場との乖離を理由に保証賃料が12万円から10万円へ引き下げられた。しばらくは耐えたがこれ以上の継続は困難と判断して20年半ばに物件売却を決断。契約書の規定に従ってサブリース会社に解約を申し出た。契約書にある賃料1カ月分の違約金も用意し、当初は粛々と解約手続きが進んだ。

ところが、最近になって担当者の態度が急変。「解約には36カ月分の立ち退き料が必要」と言い出したのだ。さらに田中さんからの電話にもなかなか出なくなった。

「担当者は『契約書なんて関係ない。借地借家法で解約は認められないことになっている』の一点張り。契約書に書いてあることがなぜ関係ないことになるのか、今でも理解に苦しむ」(田中さん)

田中さんは弁護士に相談し、入居者にも事情を説明してサブリース会社と争う構えだ。

全国賃貸住宅経営者協会連合会(ちんたい協会)によると、こうした解約をめぐる相談が20年9月ごろから急増している。

「20年9月から21年3月までに、オーナーからの相談は39件来ているが、そのうち12件が『解約を拒否された』というものだ。ほかにも解約をめぐる問い合わせが目立つ」(ちんたい協会・高橋将事務局課長)

■ **解約めぐる相談が半分近く**
—サブリース契約に関する相談内容の内訳—

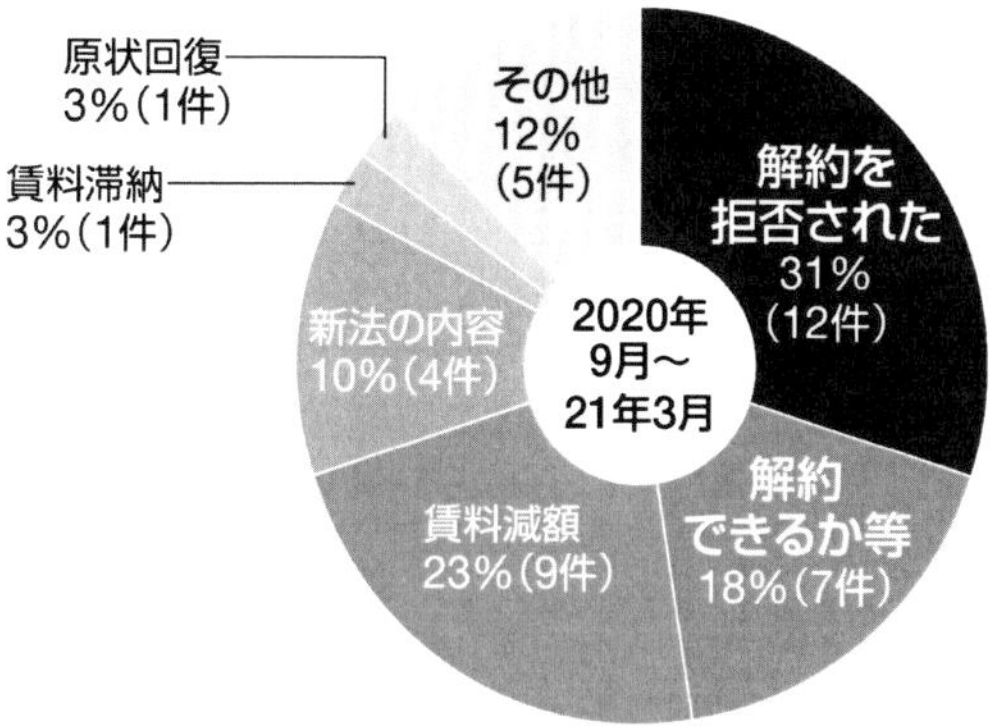

(出所)全国賃貸住宅経営者協会連合会への取材を基に本誌作成

契約書の内容に沿った解約の申し入れが拒否される。にわかには信じがたい話だが、賃貸借契約ではそれがまかり通っている。

原因は借地借家法28条の「建物の賃貸人による賃貸借の解約の申入れは、正当の事由があると認められる場合でなければ、することができない」（一部略）。さらに30条では、「賃借人に不利なもの（特約）は、無効とする」ともされている。

つまり、オーナー（賃貸人）からの解約申し入れが認められるには、オーナー自身が物件に住むなどの「正当事由」が必要というのだ。さらにサブリース契約の場合、賃借人はオーナーから物件を借りているサブリース会社となる。賃借人＝サブリース会社に不利なものは無効とされるため、サブリース会社は契約書の違約金とは別に「立ち退き料」を求めてくる。

サブリース被害対策弁護団の三浦直樹弁護士は、次のように話す。「正当事由には、貸す側の自己使用の必要性が一般的に挙げられる。一方、立ち退き料の額は、借りている側の不利益の状況などで決まる。例えば介護が必要で引っ越しが難しい高齢者がいれば、高額になるかもしれない。そこに明確な数式はない。サブリース会社のように、オーナーに支払う賃料と、居住者から受け取る家賃との差額で儲けているのであれば、不利益はそんなに大きくないはずといったことも論点になりうる」。

借地借家法28条がこのような条文になっているのは、旧借家法1条2項を引き継いでいるためだ。旧法には、戦時中、出征で一家の大黒柱が家を離れている間に妻子が家を追い出されたり、住宅難の中で借家人が理不尽に追い出されたりしないようにという趣旨があった。三浦弁護士は、住宅に余剰感がある今、法律の趣旨が変わらずに残っているところに問題の本質があると指摘する。

「サブリース契約の解除をめぐって問題になっているのは、素人の家主（オーナー）が『解約したい』と言っているにもかかわらず、サブリース会社のような百戦錬磨の大企業が借り手となって『うちは立場の弱い借家人だから』と居座っているケースだ。サブリースは賃貸借契約だから、(借り手有利の)借地借家法が適用されることになる」

動く気配のない行政

東京・日本橋の九帆堂法律事務所も、サブリース契約をめぐるトラブルに積極的に取り組んでいる。最近の事例では、相続税を支払うために賃貸アパートを売却しようと解約条項に従ってサブリースの中途解約を申し出たところ、借地借家法の適用を理由に拒否された、という典型的な案件がある。

この案件が争われた裁判では、

①サブリース契約に借地借家法は適用されないのでは？
②解約の正当事由とされるオーナーの自己使用の必要性は柔軟に解釈すべきでは？
③契約書に書いてあることは履行される義務があるのでは？

といったことを主張している。

同事務所の高ハシ優介弁護士は、「借地借家法28条を理由に業者が解約を拒否することは、自ら作った契約書の解約条項に矛盾しており、民法が定める信義誠実の一般原則にも違反している、というのがこちらの主張。だが、裁判所は一般原則を適用して判断することを避ける傾向が強い」と話す。信義誠実の一般原則とは、民法1条2項にある「権利の行使及び義務の履行は、信義に従い誠実に行わなければならない」という原則のことだ。

この裁判では一審、二審ともオーナー側が敗訴。今も最高裁判所で係争中だ。サブリース業界を所管する国土交通省の担当者は、「サブリース契約の解除をめぐる問題は承知しているが、もし法改正などが必要であれば、法務省が全体を見渡して対応することになるだろう」と積極的に動く気配はない。

同事務所の久保原和也弁護士は、「法改正はもちろん必要だが、司法は最後の砦。サブリース契約解除の問題は、まず裁判所が適切な判断をしていくべきだ」と語る。

オーナーからトラブルの相談を数多く受けている東京共同住宅協会相談部の佐藤仙氏は、「サブリースをつけなくても経営できる優良物件なのに知人や銀行、税理士に業者を紹介されると断りにくいという人が多い。言われるまま契約してしまうケースもある。業者は『家賃保証の契約だから』と甘い言葉で誘って契約を取り付ける。オーナーの中にはサブリース契約が賃貸借契約であることを意識していない人もいる」と話す。

東京共同住宅協会には、自治体の消費生活センターから相談が回ってくることも多い。生活センターは「消費者」の相談窓口であって、賃貸住宅オーナーのような「事業者」の相談窓口ではないからだ。オーナーの多くは、自分が「事業者」であるという意識すら薄いという。

21年2月、こうしたオーナーの〝純朴さ〟に付け込んだ悪質なケースが、住宅メーカー大手・積水ハウスのグループ会社で発覚した。

無断でリフォーム発注

積水ハウスの子会社、積水ハウス不動産中部は2月17日、「元社員による工事代金名目の不正な金銭取得についてのお詫び」と題したリリースを発表した。

諏訪賃貸営業所の元営業所長が、サブリース契約を結んでいた長野県内の女性のアパートオーナー（80代）から、「お支払い頂く根拠のない工事代名目で、金銭を不正に取得していたことが判明した」というのだ。

積水ハウス不動産中部によると、元所長はオーナーに無断でリフォームを発注するなどして1600万円余りの損害を与えていたという。そのうち250万円は架空発注のうえ、領収書を偽造して現金を受け取り、遊興費に使っていた。さらに元所長はオーナーから別のアパートを自ら買い取って経営していたが、所有権が元所長に移ってからも女性にリフォーム代金90万円を支払わせていた。

オーナーは問題が発覚する直前、東洋経済の取材に対して「積水さんにはとてもよくしてもらっている」と話し、元所長を信用しきっている様子だった。積水ハウス不動産中部は損害が疑われる1600万円余りをオーナーに返還し、元所長を直ちに懲戒解雇とした。

この事例は極端な社員のケースだが、サブリース会社の多くは、オーナーへ払う賃料と居住者からの家賃との差額だけでは赤字となるためリフォームなどの収益で利益を上げている。サブリース会社が解約に応じないのは、こうしたリフォームで儲ける手段が断たれるのを防止するためでもある。

東京共同住宅協会の谷崎憲一名誉会長が言う。「サブリースは、収入保証という言い方で勧誘し、借地借家法に潜むリスクを説明してこなかった悪質な業者が目立つ。サブリース自体は便利な仕組みだが、そのわなにはよほど気をつけなければならない」。

法律の間隙を突いて純朴なオーナーを合法的に食い物にする悪質サブリース会社は後を絶たない。賃貸住宅をサブリースで経営するのであれば、情報収集をしっかり行い知識をつけ、業者に対抗していくしかない。

（森　創一郎）

INTERVIEW

「弱者に付け込む理不尽」

サブリース被害対策 弁護団長・三浦直樹

サブリース新法では、業者が新規の勧誘・契約をする際の説明義務が強化されたが、既存契約者への手当てはいっさいなされていない。一歩前進ではあるが、解約の拒否に遭い、今困っている人たちにはまったく不十分だ。

借地借家法では、借り主からの解約には制限がないが、貸主からの解約には正当事由が求められることが規定されている。「借り主に不利な条項は無効」とする片面的強行規定もある。

2003年に保証賃料の減額が争点になった訴訟で、サブリース契約は賃貸借契約であり借地借家法が適用される、と最高裁判所が示した。これによりサブリースの解約をめぐっても借地借家法が契約書より優先されるとされ、トラブルを助長することになった。

アパートを経営するオーナーは一見すると事業者だが、実態は消費者に近く、消費者類似の保護が必要だ。例えば事前の説明がないまま、サブリース業者に言われるとおり賃料の減額に応じるオーナーが少なくない。それはまさに消費者のような契約弱者のオーナーが、情報量や交渉力の格差に付け込まれた形だ。口八丁、手八丁のサブリース会社が「正当事由」を掲げて解約請求に応じず居座ったり、法外な立ち退き料を求めたりするのはあまりに理不尽ではないか。消費者契約法や消費者基本法などでうたわれているように、企業と消費者との間には、情報量や交渉力において決定的な差がある。サブリース契約の諸問題では、その点を踏まえる必要がある。

三浦直樹（みうら・なおき）
１９６５年生まれ。９２年京都大学法学部卒業、９３年に司法試験合格。４８期司法修習生。２００３年からエコール総合法律特許事務所。大阪弁護士会所属。

スルガ銀行が異例の対応　借金帳消しで解決へ

「空前絶後の全面解決だ」。2021年3月1日、東京地方裁判所。記者会見で、シェアハウスオーナー側の弁護団長を務める河合弘之弁護士は感慨深げに話した。

この日、オーナー285人とスルガ銀行との間で「和解」が成立した。オーナーが自身のシェアハウスを手放し、スルガ銀はオーナーへの債権を事実上放棄する内容だ。2020年3月にも同様の和解が成立しており、第1次、第2次累計で542人ものオーナーが「借金帳消し」を勝ち取った。異例の逆転劇はいかにして起こったのか。

取れるところから取る

　さかのぼること3年半、2017年秋。投資家向けに女性用シェアハウス「かぼちゃの馬車」を販売していたスマートデイズが、オーナーに保証賃料の減額を通知したことから騒動は明るみに出る。

「かぼちゃの馬車」はオーナーが販売会社から土地を購入し、建築会社と請負契約を結んで建築。それをスマートデイズが一括借り上げ（サブリース）し、オーナーには30年間賃料を保証していた。だが内実は相場の倍近い高額で物件を売りつけ、利回りのつじつまを合わせるべく家賃も水増しされていた。これを後押ししたのが、担保評価が基準に満たない物件や属性の低い債務者にも満額融資を実行したスルガ銀だった。

　無理な賃料保証はすぐに破綻し、スマートデイズは2018年4月に民事再生法の適用を申請（のち棄却され、同年5月に破産手続きが開始）。スマートデイズ以外の販売会社経由も含め、スルガ銀から融資を受けたオーナーは1200人以上。賃料保証を失った彼らは家賃と借入金の返済との逆ザヤに苦しみ、将来を悲観して命を絶った人もいた。

１８年1月、不動産業者や銀行の対応に納得のいかないオーナー約５０人が有志の会を結成。法的対応を模索すべく弁護士事務所を訪ね、出会ったのが河合氏だった。窮状を知った河合氏は旧知の弁護士とともに弁護団結成に動き、3月に有志の会を発展させた「スルガ銀行・スマートデイズ被害弁護団」が発足。オーナー約２２０人が集結し、「オーナー対スルガ銀」という対立軸ができ上がった。

「取れるところから取る」。弁護団の方針は当初から一貫していた。騒動の元凶こそ販売業者であるものの、スマートデイズは１８年5月に破産。その他の販売業者も全オーナーに弁済できるほどの資力はない。そこで、融資資料の改ざんを指南するなど騒動の片棒を担いだスルガ銀が追及の的となった。

１８年3月からオーナー、スルガ銀双方の弁護団による交渉が始まったが、主張は真っ向から対立。スルガ銀は金利減免や元本の一部カットなどの譲歩案を提示するも、オーナーはあくまで債務の帳消しを要求した。対して、スルガ銀側で交渉に携わったある弁護士は「不動産投資で損失が出たら融資した銀行が責任を取れ、というのはモラルハザードだ」と断じた。

強気な姿勢を崩さなかったスルガ銀だが、交渉開始から1年強が経過した19年夏ごろから風向きが変わる。一転してオーナー側の主張を容認し始めたのだ。変節の一因には、オーナー側の激烈なデモがあった。東京・日本橋のスルガ銀東京支店前でのデモは18年4月に始まり計50回を超えた。

当初は涼しい顔をしていたスルガ銀だが、1年以上にわたるシュプレヒコールやビラ配りはボディーブローのように効き、ついに19年7月、オーナー側に「デモをやめてくれ」とすがった。

もう1つ、方針転換の背景にあるとされるのは、1棟中古マンションなどシェアハウス以外の不動産融資においても、不正の疑われる案件を抱えていたことだ。問題がシェアハウス向け以外の融資に飛び火する前に手を打とう、という判断が働いた可能性がある。

こうして騒動は一転して和解へと進み始めたかに見えた。が、オーナー側の求める

「帳消し」には、なお壁が立ちはだかった。1つは、オーナーの物件とスルガ銀の債権とを相殺する単純なスキームを採ると、物件時価と放棄された債権との差額が「債務免除益」となりオーナーに課税されかねない点だ。

加えて、数百人ものオーナーがスルガ銀にシェアハウスを譲渡するとスルガ銀が一時的にしろ収益物件を大量に保有する。金融庁は銀行の不動産賃貸業は「賃貸規模が過大でないこと」を求めており、銀行法に抵触する懸念があった。

そこでオーナー側が考案したのが特殊な代物弁済だ。代物弁済はオーナーと、スルガ銀から債権を買い取った投資家との間で行う。スルガ銀はオーナーに対して借入金と物件時価との差額を「解決金」とし、借入金を相殺した。

■ 特殊な「代物弁済」を考案 ―解決スキームの図解―

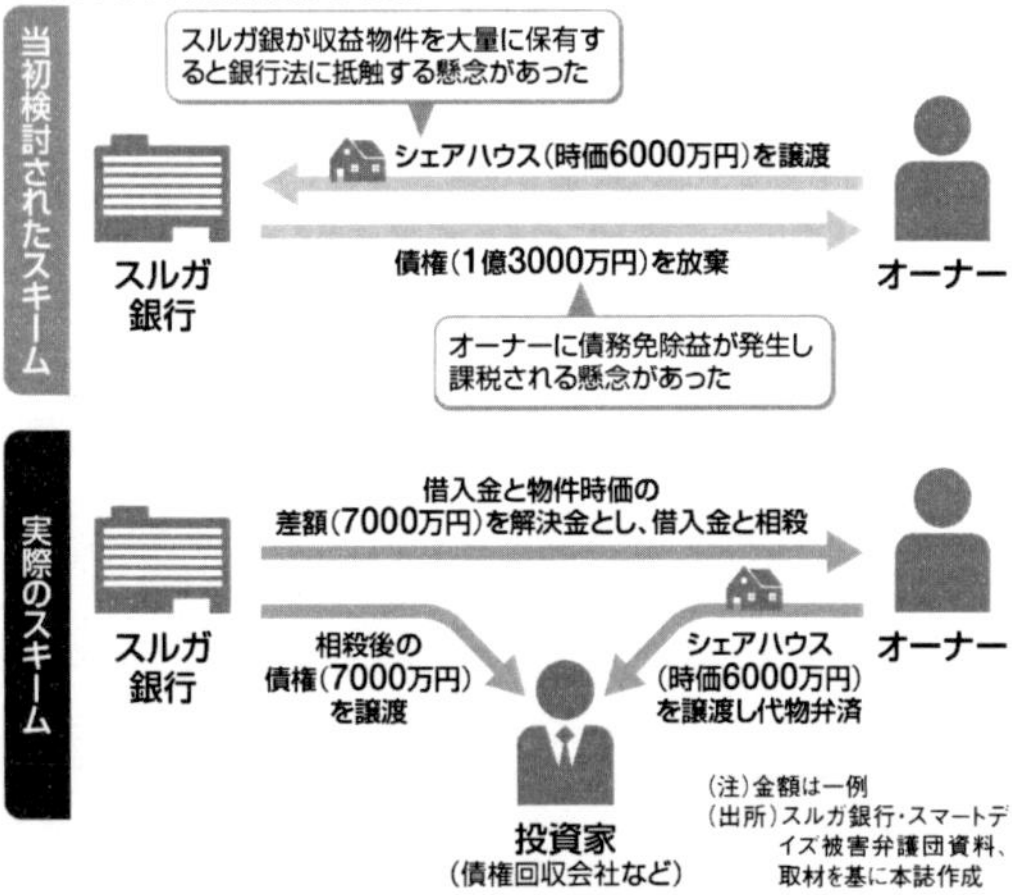

（注）金額は一例
（出所）スルガ銀行・スマートデイズ被害弁護団資料、取材を基に本誌作成

タイムリミットは8月

21年現在でも、スルガ銀から融資を受けたシェアハウスを抱えるオーナーは700人程度いる。オーナー側の弁護団は3回目の和解に向け、3月初旬時点ですでに120人超のオーナーから相談を受けている。

一方のスルガ銀は3月1日、債務帳消しの申立期限を21年8月末に設定した。第3次和解をもって、シェアハウス騒動にけりをつけたい意向だ。ある証券アナリストは、「金融庁に無断で期限を設定したとは考えづらい。金融庁としても、いつまでも帳消しを求めないオーナーを救済する必要はないと判断したのでは」と推測する。

ただ、8月で一連の問題がすべて解決する保証はない。シェアハウス以外の1棟物件を購入したオーナーも、債務減免などの対応を求めているためだ。地方の中古1棟マンションを購入した男性は、「融資書類の改ざんや物件価格の水増しなど、構図はシェアハウスとまったく同じだ」と話す。

「特殊な代物弁済」の前例をつくったスルガ銀。身から出たさびとはいえ、不動産投資業界に与えた影響は計り知れない。

（一井　純）

■「折れた」スルガ銀 ―シェアハウスオーナーとスルガ銀行をめぐる主な出来事―

年月	出来事
2011年～	スルガ銀行がシェアハウス向けに最初のローンを実行。以降、シェアハウス1647棟、オーナー1258人に対して計約2035億円を融資
17年10月	シェアハウス販売業者スマートデイズが保証家賃の減額を通知。別の販売業者でもサブリース契約が解除され、シェアハウス問題が顕在化
18年3月	「スルガ銀行・スマートデイズ被害者同盟」が発足。以降、スルガ銀行側の弁護団と50回以上の団体交渉を重ねる
4月	スルガ銀行東京支店前でデモを開始、以後数十回にわたりデモを行う
6月	株主総会にオーナーら約40人が参加、経営陣の責任を追及
19年3月	オーナー複数人が有國三知男社長（現会長）に対し株主代表訴訟を提起
6月	株主総会にオーナーら約200人が参加、経営陣の責任を追及
9月	東京地裁にスルガ銀行との調停を申し立て（第1次）
20年3月	オーナー257人とスルガ銀行との間で和解が成立
8月	東京地裁にスルガ銀行との調停を申し立て（第2次）
21年3月	オーナー285人とスルガ銀行との間で和解が成立
8月	スルガ銀行に対する代物弁済の調停申立期限

（注）和解が成立したオーナー数には連帯債務者を含む　（出所）スルガ銀行・スマートデイズ被害弁護団資料、スルガ銀行第三者委員会調査報告書、取材を基に本誌作成

利回りだけを見ていてはダメ　借金を使いこなせ

株式投資でもお金を借り入れて信用取引をすることはあるが、不動産投資では借り入れで「レバレッジ」をどう利かせるかがより重要な投資戦略となる。

レバレッジをかければ少ない元手で多額の不動産を運用できるため、資産形成のスピードは上がる。しかし、物件の稼働が軌道に乗らなければ持ち出しが発生するリスクがある。レバレッジをどこまでかけるべきかという問いは、不動産投資家の間でも正解が存在しない。最前線の投資家は借金とどう付き合っているのだろうか。

フルローンを徹底活用

資産100億円――。これは決して比喩ではない。東京都・池袋を地盤に1棟物件に投資するコアプラス・アンド・アーキテクチャーズ代表の玉川陽介氏は20年、保有物件の総額が100億円を突破した。

物件の購入資金は、ほとんど金融機関からの借り入れで賄った。「今日も1棟購入しました」。20年3月下旬の取材当日にも、東京都豊島区で中古の1棟マンションをフルローンで購入したと打ち明けた。

「自分が欲しい物件よりも、融資が引けそうな物件を探す」のが秘訣だ。最初に重視するのは、物件の表面利回りと借入金利の差である「スプレッド」。表面利回りが借入金利プラス5%以上を確保できそうなら、購入を検討する。不動産市況が崩れたときでも損失に耐えられる水準だという。

アグレッシブな投資を支えるのは緻密な収支計算だ。物件ごとの利回りやキャッシュフローはもちろん、投下資本の内部収益率に至るまでエクセルシートには試算数値がびっしりと並ぶ。

「海外なら3割程度の自己資金を求められるのが当たり前。ただ、低金利でフルローンが引ける日本の金融環境を活用しない手はない。自己資本は低いほどいい」。徹底したリスク管理を心がけつつ、今日も投資先の物色に余念がない。

他人資本をフル活用する玉川氏とは対照的に、「借金」をつくらない投資に徹する投資家もいる。東京23区を中心に区分所有マンションを59室保有する芦沢晃氏は、保有する物件のほとんどを自己資金で購入している。

不動産投資を始めたきっかけは、1996年に東京都八王子市内の自宅を売却しようとしたときだ。89年に約3000万円で購入した2DKのマンションだったが、バブル崩壊のあおりを受け、売却時の査定は半額の約1500万円。売るに売れないため、ひとまず賃貸に出して「塩漬け」にした。月々のローン返済や管理費、税金を差し引いた手残りは赤字になった。

ここで芦沢氏は独特の発想をする。株式投資の経験があった同氏は、不動産価格が下落しても「ナンピン買い（下落時の買い増し）のチャンスだ」と、別の物件購入を考えたのだ。自宅を賃貸に出して赤字になっていたことや、銀行が不良債権処理に追われ不動産への融資に消極的だったため、給与と株式投資で築いた現金で購入することに決めた。

以後、土地勘のある都内や横浜市、川崎市を中心に、500万円前後の築古ワンルームを年間2～3戸のペースでコツコツと買い続けた。管理費や修繕積立金などを引いた現在の手残り家賃は年間約2900万円だ。

買いたいときにすぐ買えるのが現金買いの利点。年度末になると決算数字をつくりたい業者が「芦沢さんならすぐ買ってくれる」と、市場に流通していない物件情報を優先的に回してくれるようになったという。

投資効率以外の観点からのアドバイスもある。アパートやマンションなどを計18棟保有する不動産投資家の赤井誠氏は、仮にフルローンが引けたとしても頭金を投じることを勧める。「自分で貯めたお金を入れると、投資に対する本気度が変わる」ためだ。「安定して給料が入るビジネスパーソンにとって貯金することは難しくない。逆に頭金すらつくれない暮らしぶりなら、不動産投資で資産を築くことは難しい」と赤井氏は説く。

現金一括vs.借り入れ、どちらが得か ―1棟アパートを購入する場合―

アパート

物件価格：8000万円
（ほか諸費用：400万円）

- ✓ 年間家賃収入：640万円
- ✓ 維持費（管理費、保険料、固定資産税など）：200万円
- ✓ 手取り家賃収入：640万円−200万円＝440万円

- ✓ 表面利回り（年間家賃収入÷物件価格）：8%
- ✓ 実質利回り（〈手取り家賃収入〉÷〈物件価格＋諸費用〉）：5.2%

	現金一括	頭金2割	フルローン
最終手残り額（手取り家賃収入−ローン返済額）	440万円	136.5万円	60.6万円
ROI（投資利益率。最終手残り額÷総投資額）	5.2%	11.4%	15.2%

毎年の手取りでは現金一括、投資効率ではフルローンに軍配

（注）家賃および維持費は仮定。借り入れ条件は固定金利2.5%、元利均等返済、期間30年。諸費用は自己負担として試算

攻守のバランスを知る

リスクをどこまで許容して、リターンを求めるのか。レバレッジのかけ方は物件選びにも影響を及ぼす。リスクが少ないのは管理を業者が担う区分マンションだ。前出の芦沢氏は、「忙しいビジネスパーソンは手間のかからない区分マンションに投資し、時間はできるだけ本業に充てよう」と唱える。

ただし、区分マンションは手軽さと引き換えに利幅は薄い。とくに価格が高く利回りが低い新築の場合、収支はほぼトントン。都内で新築ワンルームを販売するリヴトラストの杉本一也社長は購入者について、「短期的な利益を狙うよりも、インフレ対策や生命保険代わりとして中長期的に保有する傾向が強い」と話す。

手間をかけずに運用ができる区分マンションとは対照的に、1棟モノやボロ戸建ての場合は管理や修繕、リフォームなどを自力で行い、物件の付加価値を上げる余地が大きくなる。時間と体力を捧げた分だけ収益につながることは、ほかの金融商品にはない不動産投資ならではの醍醐味だ。

むろん、高い収益性はリスクと隣り合わせでもある。ある不動産投資家は、「最近は価格が手頃なボロ戸建てを買って、見栄えだけよくしている投資家が増えているが、初心者にはお勧めできない。万が一、不十分な維持管理で居住者がケガをしたり、最悪亡くなったりした場合のリスクが大きすぎる」と指摘する。

■「不労」所得は難しい ―物件ごとのリスクとリターン―

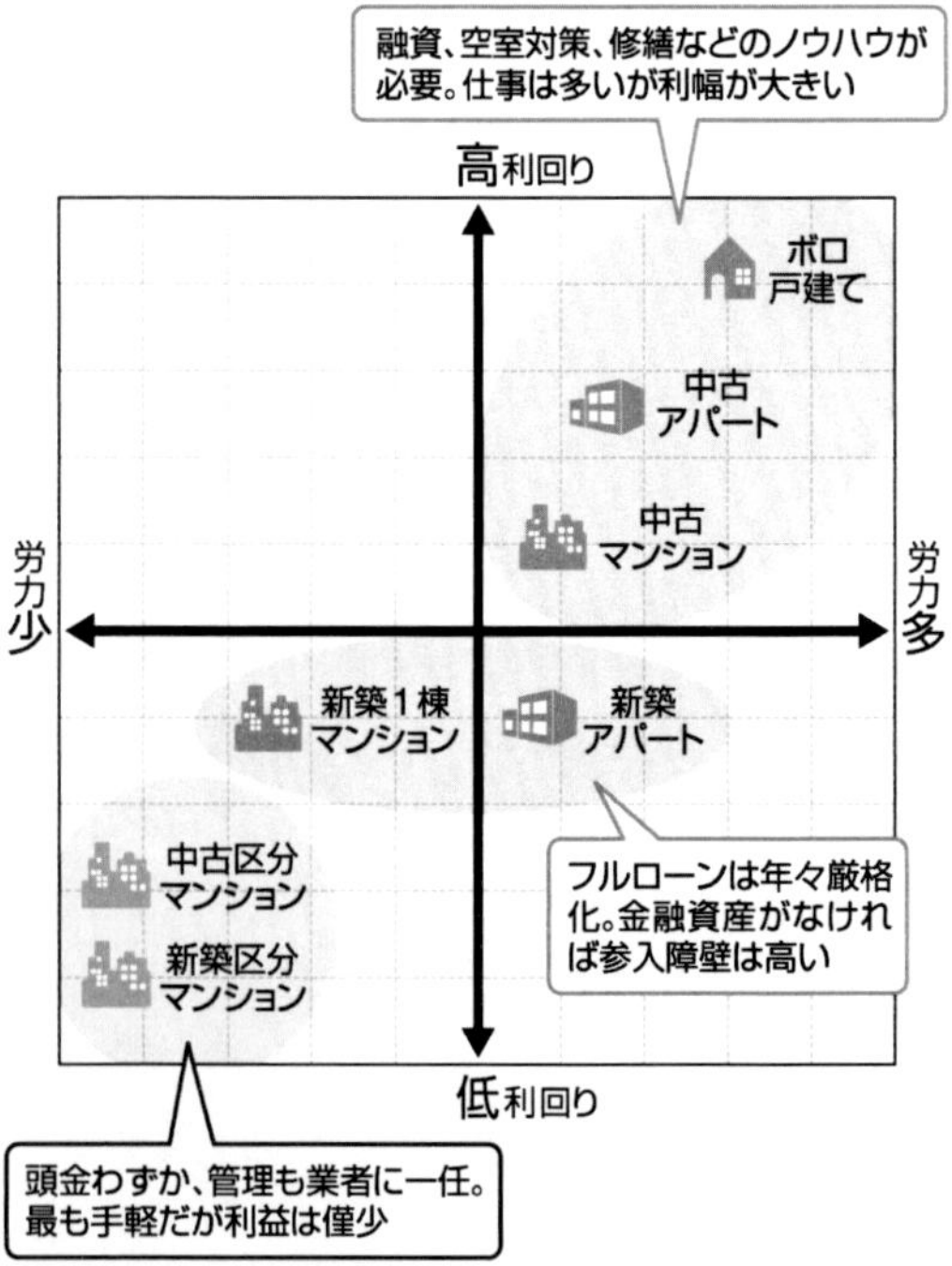
融資、空室対策、修繕などのノウハウが必要。仕事は多いが利幅が大きい
高利回り
ボロ戸建て
中古アパート
中古マンション
労力少
労力多
新築1棟マンション
新築アパート
中古区分マンション
新築区分マンション
フルローンは年々厳格化。金融資産がなければ参入障壁は高い
低利回り
頭金わずか、管理も業者に一任。最も手軽だが利益は僅少

(注)物件の立地や築年数、稼働率、維持管理状況によっても左右される
(出所)取材を基に本誌作成

不動産投資サイトを運営する健美家の倉内敬一社長は、「大きく稼ぎたい人に新築ワンルームは向かないし、面倒くさがりの人に維持管理に手間のかかる中古の木造住宅は合わない」と話す。不動産投資で資産を築いた人たちは自分自身の得意・不得意、そして攻めと守りのバランスをよく知っている。

（一井　純）

不動産投資　節税Q&A

大家さん専門税理士／司法書士・渡邊浩滋

不動産投資で成功するには税金の知識が不可欠だ。節税するための方法や、相続での注意点をQ&Aで解説する。

【Q1】不動産投資で節税ができると聞きました。本当でしょうか？

不動産投資＝節税というイメージが先行しすぎていると感じています。「実際に不動産投資をしてみたら思ったほど節税にならなかった」という相談を多く受けます。かといって不動産投資ではまったく節税できない、というわけではありません。一定の条件を満たせば節税できます。順を追って説明しましょう。

まず、多くの人が誤解しているのが、不動産所得を赤字にすれば節税ができて現金収支上メリットを得られるという考え方です。不動産所得とは家賃収入から管理費などの経費を差し引いたもの。不動産所得は、給与所得などと合わせて課税所得として税額が計算されます。不動産所得が赤字なら課税所得を減らせ、確かに税金の負担は減ります（ここでいう税金とは、所得税・住民税の合計）。

しかし、不動産所得を赤字にするために無駄に現金支出を伴う経費を多く計上すると、税金は減ってもキャッシュはそれ以上に減ることになりかねず、本末転倒です。経費を100万円使っても、税金が100万円減るわけではないのです。適用される税率15～55％分の税金が減るだけなのです。

また、減価償却があるから不動産投資は節税できる、と解説する人や業者が多くいますが、それも大きな誤解です。減価償却とは、建物などの購入額を、毎年分割して経費として計上する仕組み。大きな額を経費で差し引けるので節税できると思われがちです。しかし、そこには落とし穴があります。

■ **減価償却は保有時には経費でも、売却時には利益の源泉に**

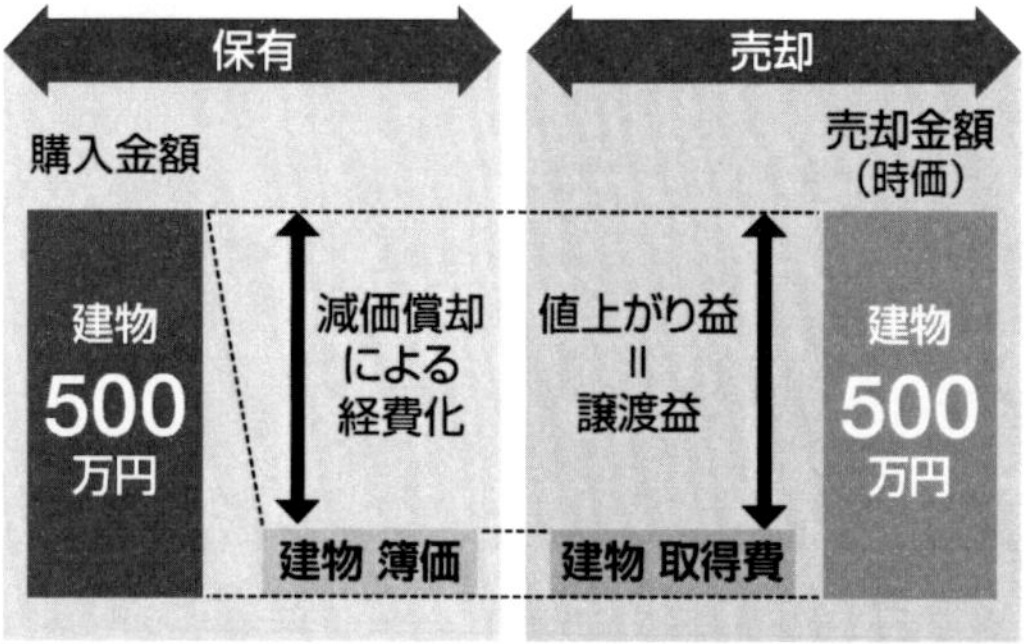

（注） 金額は一例

先の図のように、500万円で購入した建物は保有している間、減価償却による経費化ができます。それによって所得が減り、支払う税金を減らせます。しかし、減価償却で経費化した分は建物の簿価（帳簿価額）が下がります。

その建物を500万円で売却できたとしましょう。すると減価償却で経費化した額は丸々譲渡益となり、課税の対象となります。減価償却は保有と売却で裏表の関係になっているのです。

減価償却を経費化することで減った税金と、譲渡益に課された税金を比べ、前者が多ければ節税と評価できますが、後者が多ければ節税とはなりません。

この例から不動産投資で節税できる条件が見えてきます。次の2つを満たせば節税できるのです。

1つ目は、購入額以上の価格で売却できること。「不動産は売却せず、保有し続けるもの」という人もいますが、「投資」として考える以上、元本を上回る額を回収しなければ成功とはいえません。

2つ目の条件は、「譲渡益にかかる税率が、不動産所得や給与所得を合算した課税所得にかかる税率より低いこと」です。

不動産の譲渡益にかかる税率には2つの種類があります。取得から売却までの保有期間が5年以下であれば約39％、5年超であれば約20％。不動産バブル期に横行した「土地転がし」と呼ばれる転売行為を防止するため、短期の税率は長期より高く設定されています。

一方の課税所得は、多ければ多いほど税率が高くなります。具体的には所得が195万超～330万円なら税率は20％、330万超～695万円なら30％、695万超～900万円なら33％、900万超～1800万円なら43％です。

例えば保有期間3年で不動産を売却したときの税率は約39％なので、900万円超の所得がなければ節税になりません。ところが5年を超えて長めに保有した後に売却したときは、所得が330万円超あれば節税できます。

このように、譲渡益が出ること、そして譲渡益の税率が課税所得の税率よりも低いこと。これら2つを満たしたとき初めて節税できるのです。

【Q2】税務上の「経費」と認められる範囲を教えてください。

まず、賃貸経営に関わる支出はすべて税務上の経費と認められることを理解しましょう。

具体的には、固定資産税、損害保険料、借入金の利息、リフォーム代、管理会社の管理費などです。交際費、セミナーへの参加代、物件調査費用（交通費など）は判断に迷うかもしれません。税務署の目が厳しくなるのも事実です。

しかし、これらが税務上の経費として認められないということはありません。不動産賃貸業との関連を客観的に示すことができれば、経費にして問題ありません。

領収書以外にも、会った相手方の名前や、そのとき話した具体的な内容、写真などを残し、賃貸経営に関わるものであると示せるようにしておきましょう。

【Q3】相続税対策としての不動産投資はどこまで有効ですか？

相続税対策の観点で見れば、不動産投資は有効です。

相続税を計算するときの基準となる相続税評価額は、金融資産よりも、土地と建物のほうが低くなります。さらにその土地建物を、自分が住むのではなく、賃貸にすれば評価額は一段と下がります。

■ 不動産の時価と相続税の評価額は異なる

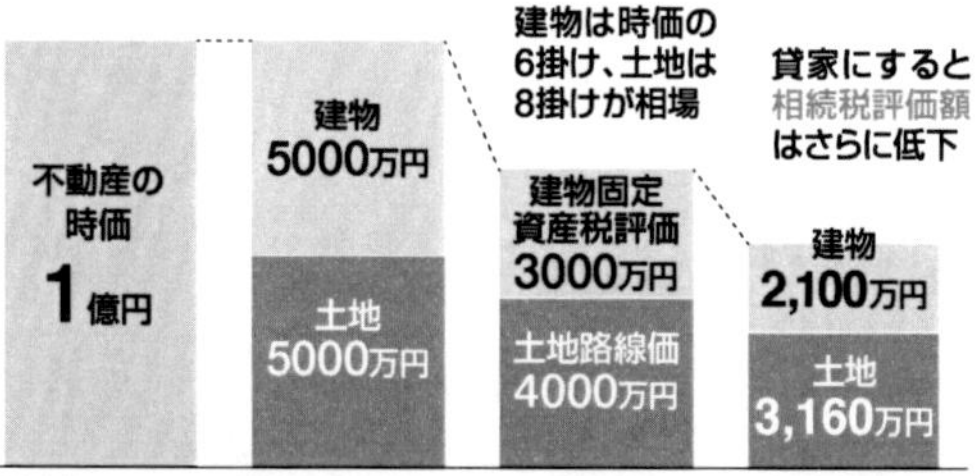

（注）金額は一例。借地権割合は7割、賃貸割合は10割と仮定。貸家の相続税の建物評価額は「固定資産税評価×（1－借家権割合〈一律3割〉×賃貸割合）」、土地評価額は「路線価×（1－借地権割合×借家権割合×賃貸割合）にて試算

先の図のように、建物5000万円、土地5000万円で不動産を購入しました。この物件の相続税評価額は、建物と土地でそれぞれ異なる計算がされ、結果として1億円より小さくなります。

建物は相続時には固定資産税評価額で評価されます。固定資産税評価額は通常、時価の5〜7割です（図では6割で評価）。しかもこの不動産を貸家にしていれば、建物の評価はさらに下がります。その計算式は次のようになります。

貸家の建物の相続税評価額 ＝ 固定資産税評価額 ×（1－ 借家権割合 × 賃貸割合）

借家権割合とは、建物の価値に占める借家権の割合のことで、その割合は全国一律3割と決められています。賃貸割合とは建物の住戸のうち実際に貸している住戸の割合のことです。

一方、土地の相続税評価額は路線価で評価されます。通常、時価の8割程度です（図では8割で評価）。土地についても、その上にある建物を貸家にしていると、相続税評価額が下がります。その計算式は次のようになります。

貸家の土地の相続税評価額 ＝ 路線価に基づく評価額 ×（1－ 借地権割合 × 借家権割合 × 賃貸割合）

借地権割合とは、地主から借りた土地へ建物を建てられる権利の割合ですが、数値は地域ごとに決まっています。需要が高い一等地では9割と高く、需要の低い地域では2割と低くなっています。

さらに、小規模宅地等の特例で、貸家にしている土地は、200平方メートルまで相続税評価額を50％減額することができます（ほかに小規模宅地を適用していない場合）。

ただし、相続の直前に不動産を購入するのは避けたほうがよいでしょう。相続直前に購入した賃貸不動産の時価と相続税評価額が著しく乖離していたときは、時価で評価するべきだ、とする裁判所の判断が最近増えています。3年半前に購入した賃貸不動産は時価（鑑定評価）のほうが妥当とする高等裁判所判決が20年に出ました（その後、最高裁判所へ上告中）。

渡邊浩滋（わたなべ・こうじ）

1978年東京都生まれ。明治大学卒業。税理士試験合格後、実家の大家業を引き継ぎ、赤字経営を改善。2011年に税理士・司法書士渡邊浩滋総合事務所を設立。著書多数。

顔認証をフル導入したマンションも

「テック」を活用し空室対策

エントランスに設置された顔認証端末に顔を近づけると、建物への入場、メール・宅配ボックスの解錠、エレベーターの呼び出し、各戸への入室ができる――。そんな顔認証サービスを組み入れたマンションが登場した。

不動産開発販売のプロパティエージェントが自社開発の顔認証サービスを導入して販売を始めたマンション「クレイシアアイズ学芸大学」(東京・目黒区、2021年1月竣工)。

「エントランスだけでなく集合住宅全体に顔認証技術を搭載したのは国内で初めて。周辺相場より数%高い家賃だが引き合いは強い」と、新宮由久執行役員は話す。

入居者は事前にアプリから自分の顔を登録する。鍵は入居者には渡されず、基本的に顔認証だけで解施錠する。顔認証システムは各機能と連動していて、例えばエントランスでオートロックを解除すると自動的にエレベーターが1階に降りてくる。

利便性を重視し、エントランスではマスクをしていても認証されるが、住戸の鍵はマスクを外さないと認証されないなど、箇所によって認証の厳格さを変えている。「今後の開発物件には顔認証システムを原則導入していく」と、新宮執行役員は語る。

オンライン内覧も活況

不動産情報提供サービスを展開するリーウェイズの巻口成憲社長は、「認証技術などを使ったスマートロックの分野は新型コロナの影響でニーズが増えている」と話す。ほかにも「ITツールで物件を案内するオンライン内覧や電子署名・電子ファイルを利用した電子契約などの不動産テックが主流になってきている」(巻口社長)。

オンライン内覧では、米サンフランシスコのベンチャー企業マーターポートの日本事務所が展開する3次元カメラを活用したサービスに注目が集まる。カメラで空間データを収集しモデリング（3Dデータ化）することで、まるで現地にいるような立体的な高解像度画像を映し出すことができる。

電子契約の分野では、企業の「脱ハンコ」需要を追い風に電子印鑑「GMOサイン」を運営するGMOグローバルサインや、電子契約サービス「クラウドサイン」を手がける弁護士ドットコムが不動産会社などに向け導入を進める。

勢いを増す不動産テック企業。その中でも異色の存在が、前出の巻口社長が牽引するリーウェイズである。同社が武器とするのはAI（人工知能）を駆使した情報提供サービスだ。ビッグデータ上の2億件を超える物件情報をAIで分析し、将来50年にわたる賃料、空室率、物件価格などのリスクを算出するサービス「ゲイト・インベストメント・プランナー（Gate・Investment Planner）」を2017年に発売した。今では大手銀行や不動産会社など150社が導入している。

「東京のA物件は表面利回り5・6%だが10年後の利回りは10・5%に上昇するといった、空室リスクや賃料推移を加味した利回りの変化も導き出せる」（巻口社長）

実際にリーウェイズの独自のAI技術を使って、資産価値が「落ちやすい駅」「落ちにくい駅」を算出すると、「住みたい場所」として人気の高い東京・八王子市やその周辺の資産価値が落ちやすい一方で、文京区や渋谷区の一部は資産価値が落ちにくいとされる。

不動産テックを活用して物件情報を一元化する動きもある。不動産関連IT企業など115社が加盟する不動産テック協会は、地図サービス会社が開発した地図データを基に、4月15日から国内の土地・建物の通し番号となる「不動産共通ID」の無償提供を始めた。行政区画の再編や建物の売買で「住所」「物件名」はコロコロと変わりがち。だが、不動産共通IDが浸透すれば、物件情報を一元的に管理できるようになる。

例えば、これまでは「三丁目」「3丁目」など住所の表記が違うだけでもデータの連携がしにくかったが、共通IDが付けば連携が容易になる。宅配業者の配送先情報と電子ロックの在・不在情報が共通IDを介して連携されれば、在宅時だけの配送も可能になる。

情報の不透明さや効率の悪さが目立っていた不動産業界だが、不動産テックで新局面を切り開こうとしている。

（梅咲恵司）

不動産サイト「徹底」活用術

「ここにきて会員登録やアクセスが増えている。新型コロナの影響で外出を控えている人などが閲覧しているのだろう」

不動産投資サイト「楽待」を運営するファーストロジックの広報担当・尾藤ゆかり氏はそう語る。

楽待には区分・1棟マンション、戸建てなど、売りに出ているさまざまな物件の情報や動画が掲載されているが、ビギナー投資家の中にはサイトをどう利用すればいいかわからない人もいるだろう。尾藤氏は、「楽待をうまく活用するには、投資ステージごとにポイントがある」と説明する。

まず知識不足の解消を目指すには「学び」のコーナーを確認したい。約10人の社内ライターが執筆する「楽待新聞」は、「初心者はこれ」「失敗から学ぶ」といった記事を配信し、投資で最初につまずく事例について解説している。

2021年2月に立ち上げたばかりの「楽待相談室」では、投資に関する疑問や悩みについて、税理士、弁護士などの専門家だけでなく、不動産投資のプロを自任する楽待のコラムニストもコメント欄に回答を寄せる仕組みになっている。「開設から1カ月で約300件の質問があり、回答は1000件を超えた」（尾藤氏）。

周辺路線価を自動算出

物件探しの際には、シミュレーション機能を活用したい。掲載されている収益物件情報の片隅にある「路線価を調べる」というアイコンをクリックすると、物件から11メートル離れた所、17メートル離れた所など周辺の路線価が自動的に出てくる。それを基に購入価格の目安を算出することができる。

同じく「キャッシュフロー（CF）をシミュレーションする」をクリックし、購入条件などを入力すると、いつからCFがプラスになるのかを確認できる。「(不動産会社の)収支シミュレーションは大事な費用が抜けていたり、家賃下落率などの見積もりが甘いケースがあったりする。この機能を使えば自分で算出し、チェックできる」と尾藤氏は強調する。

物件を購入して運用の段階に入ったら、「大家さんの味方」のコーナーを見ておきたい。ここには内装、水回り、間取りの変更といったリフォーム事例が複数掲載されている。加えて、実際に工事を発注する際に、対象エリア内にあるリフォーム会社や管理会社からの見積もりを出すことが可能だ。

最後に物件売却に踏み切る際も、「物件査定」コーナーで売却査定ができる。エリアごとに最大5社の査定を無料で受けることができるだけでなく、「楽待にはこの条件で買いたい投資家が1038名います」といった表示も出る。

楽待ではサイトのさらなる認知度向上を狙い、2017年にYouTubeチャンネルを開設。企画から撮影、編集まですべて社員が行い、現在は「不動産投資歴20年の戦術」といったオリジナルコンテンツを週5~6本配信している。3月にはチャンネル登録者数20万人を突破した。「今後も動画情報の拡充に注力する」と尾藤氏。21年12月に東京・八丁堀に本社を移転し、社内に防音設備のある撮影スペースを新設する。

やみくもにサイトを眺めても、投資活動の一助にはならない。まずはサイトを訪問する目的を明確にしておきたい。

（梅咲恵司）

不祥事で一時は存続危機も

IoTでロボットホームは復活できるか

不動産テックを武器に会社存続の危機から再建の足がかりをつかんだのは、21年4月に社名をロボットホーム（Robot Home）に変えた旧TATERUだ。

スマートフォンアプリなどでオーナーに土地を仲介してアパート建築を請け負うマッチング事業で急成長し、2017年12月期には売上高670億円、最終利益39億円をたたき出した。だが、翌年8月、銀行に提出する顧客預金データ336件の水増し改ざんが発覚。国土交通省から1週間の業務停止命令を受けた。社外の特別調査委員会は、「営業目標を必達と捉えた営業幹部らのプレッシャーが招いた組織的な不正だった」と結論づけた。

「社員は歩合給欲しさに不正に手を染めた側面もあった」と、創業者で現ロボットホーム代表取締役の古木大咲氏はガバナンスの欠如が背景にあったと反省する。

歩合給は全面禁止

「シンガポールでの海外投資家とのミーティング中に、東京からうちの不祥事が放送された映像が送られてきた。その瞬間、次に何が起きるかがわかった。融資が厳しくなり、アパート建築の工事が止まる」（古木氏）。こうした不祥事の影響が尾を引き、19年12月期は145億円の最終赤字に転落した。

存続に黄色信号が点った旧TATERUだが、窮地を救ったのがIoT（モノのインターネット）技術を集約した「Residence kit」だった。

部屋の照明、テレビといった家電やスマートロック、エントランスのモニターなどがスマホとつながり、外出先でも家電の操作、訪問者の確認、鍵の開閉、侵入者の検知ができる。このアプリは現在、大手デベロッパーの分譲マンションなど約9500戸に導入されている。賃貸オーナー向けのResidence kitには内見の件数や修繕状況の確認、管理会社との連絡がチャットで行える機能もある。

古木氏は、「このアプリの技術はしばらくオープンにしていなかったが、17年からは外部提供を始めてさまざまな会社と協業を進めてきた」と語る。20年10月からはシャープのAI（人工知能）・IoTを組み合わせた家電とResidence kitをデータ連携させる実証実験も始めた。

IoT事業に軸足を移し、足元の業績はやや上向いている。本社を賃料の安いビルに移転するなどコスト削減を徹底していることもあり、21年12月期は最終利益7000万円の黒字転換を予想する。ただ、アプリ販売だけでは収益源として限界があるため、今後はアプリ販売を入り口にした管理受託に加えDX（デジタルトランスフォーメーション）コンサルティング事業にも注力する。

不祥事再発防止に向け、ガバナンス再構築にも取り組む。歩合給は全面禁止。現在は役員の半分を社外取締役が占めている。

古木氏は不動産業界の底上げにも一役買おうとしている。4月19日、ロボットホームは不動産テック会社など8社とともに、西村康稔経済再生担当相らを招いて「D

X不動産推進協会」の設立総会を開く。法務局や税務署、市区町村役場、民間事業者に分散している不動産の履歴や仕様、点検記録などの情報の一元化、不動産契約の全面電子化を政府に働きかける。

古木氏はこの推進協会の代表理事に就く。「コロナ以後、電子技術の推進は効率化だけでなく、対面接客による感染リスクから顧客や従業員を守るため必須になった」と強調する。

会社の再建とともに、電子化が遅れる業界を変えていくことができるか。旧TATERUの〝名誉挽回〟への道のりはまだ途上だ。

（森　創一郎）

すご腕投資家に学ぶ不動産投資の勘所

【区分マンション】 安定需要のある立地にこだわる

「負けない投資を信条にしている」と語るのは、不動産投資に関する書籍がある村野博基さん（45）。東京の区分中古マンションに特化した投資を行う。収益物件は目下29戸で、「東京23区を制覇するまであと6戸」という。現在の年間家賃収入は約3000万円、管理費などを引いた手取り収入は2500万円になる。

通信会社の社員だった2004年に不動産投資を始めた。そのときから基本スタイルは変わっていない。まず家賃収入を重視する。「イールドギャップ（表面利回りと借入金利との差）3％程度が目安。表面利回りが少々低くても（客が付きやすい）場所にこだわる」。

金融機関から借り入れをしてレバレッジを利かせることも特徴だ。「ボリュームを増やすためには借金をしたほうが早く資産を築ける。利ザヤが増えてリスクが小さくなる」。新築マンションよりも利回りがよく、運営実績がある中古のほうが手堅いとみる。20年は新型コロナの影響で空室が瞬間的に増えたが、それでも1カ月程度で埋めることができた。

不動産投資を始めるに当たっては「売却益狙いか安定収益狙いか、投資の目的を明確にすることが大事。目的が不明確だと、入ってきたお金の使い方を間違えてしまう」と話す。勤めていた会社を19年に早期退職し、現在は不動産投資を専業にしている。複数の物件で管理組合の理事も務める。「コツコツやっていくのがうまくいく秘訣」と、最後に強調した。

【ぼろ戸建て】 利回り50%以下の投資はしない

〝ふかぽん〟という愛称で不動産投資サイトのコラムコーナーにおいて人気のある深津絢祐さん（32）は「実質利回り50%以下の投資をしない」を信条とする。現在の所有物件は戸建てを軸に千葉、埼玉などに25件、年間家賃収入は1200万円を超える。

2016年に不動産投資を始めたときから、無借金で100万円以下のぼろ戸建てを購入してきた。リフォーム作業は自分で行う。手先が器用で、金づちやのこぎりを使って修繕することは苦にならない。客付け、物件管理も自分でこなす。「アパートは入退去が多く手間がかかる。その点、戸建ては継続して入居してもらえることが多い」と深津さんは語る。

購入前に物件を確認する際は屋根や外壁の損傷の有無、水道やガスといったインフラ設備の状況、放送受信用のアンテナが立っているかなどを重点的に見る。周囲にコンビニエンスストアや公共機関があるかも確認する。

知り合いから浴槽やトイレなどを調達し内外装をリフォームするが、「物件を豪華に造り込むよりも宣伝が大事」と強調する。多くの人に知ってもらうために、派手な旗や看板を人目につく場所にこだわって設置する。

「基本ステップを踏襲すれば、ぼろ戸建て投資は難しいことではない」と深津さん。所有物件を売却する意思はなく、今後も安定収入を重視するという。

【空室物件】　空室率50％以上が狙い目

「空室にわくわくする」。そう話すのは、マンションを中心に12棟200室保有する天野真吾さん（52）だ。狙うのは空室率50％以上。「ライバル投資家が少ないうえ、磨けば光る物件も多い」。

外資系IT企業に勤務していた天野さん。「会社に頼らず事業を起こしたい」と2009年に不動産投資に参入。競争の激しい首都圏を避け、福岡市の駅徒歩20分のマンション（15戸）を5500万円で買った。当時の稼働率は4割だ。

「空室の一因は管理会社の怠慢だ。集客はおろか広告用写真さえ満足に撮れない状況」。地元業者を10社ほど回り管理会社を交代。さらに部屋ごとに内装の色を変え入居者に部屋を選ぶ楽しみを与え、購入から4カ月で満室にした。

不動産会社の担当者と親しくなり、未公開情報を入手するのが天野流。３棟目に紹介されたのは、さいたま市の駅徒歩１５分のファミリー向けマンション（２１戸）。任意売却案件で資料が散逸し入居者情報がわからなかったものの、周辺住民への聞き込みや物件入り口で丸１日入居者を観察し、稼働率や建物の老朽度合いを推定。３億円超の物件だったが勝負に出た。建物の状態はよく、全部屋をリフォームして１年以内に満室にした。

現在は「ＡＭＡホテル＆リゾート」の代表として、福岡市内でホテルも運営する。「不動産投資は自己成長の糧」とは天野さんの弁だ。

【1棟モノ】 汗水流して物件を磨き上げよう

「リフォームは決して難しくない」と話す赤井誠さん（６０）。自宅のある横浜市を中心に1棟アパート・マンションなど１８棟１２７室を保有。手残り家賃は年間約７０００万円に上る。

始まりはコンビニで手に取った雑誌だ。サラリーマンが自ら修繕したアパートを賃貸する記事を見て、「リフォームなら俺も得意だ」と考えた。不動産投資の冊子を読みあさり、2005年に福岡市内のアパート（10戸）を購入した。

買った物件はとことん磨き上げる。自ら福岡に飛び、自作の広告を仲介業者にまいた。学生需要をにらんで家電も用意した。「時代のニーズをつかまないと、物件の競争力はみるみる落ちていく」。

翌年に取得した横浜市の1棟マンションも、女性の入居者を意識し暗証番号付き玄関錠やカメラ付きインターホンを導入し、室内には光ファイバーも引いた。共用部の蛍光灯は省エネタイプに交換。マンション名までおしゃれな名称に変える徹底ぶりだ。22戸中11戸もあった空室が3カ月半で満室になり、その後の収益柱となった。

2010年には電機メーカーを退社し、晴れて専業大家となった。管理や修繕を業者任せにせず、できることは自分でやるのがポリシーだ。「汗水を流した分だけ結果につながるのが不動産。面倒くさがらず、自分の手を動かしてみよう」と語る。

【週刊東洋経済】

本書は、東洋経済新報社『週刊東洋経済』2021年4月24日号より抜粋、加筆修正のうえ制作しています。この記事が完全収録された底本をはじめ、雑誌バックナンバーは小社ホームページからもお求めいただけます。

小社では、『週刊東洋経済eビジネス新書』シリーズをはじめ、このほかにも多数の電子書籍ラインナップをそろえております。ぜひストアにて「東洋経済」で検索してみてください。

『週刊東洋経済eビジネス新書』シリーズ

No.353　変わり始めた銀行
No.354　脱炭素　待ったなし
No.355　独習　教養をみがく
No.356　鉄道・航空の惨状
No.357　がん治療の正解

No.358　事業承継　M&A
No.359　テスラの実力
No.360　定年消滅
No.361　激動の半導体
No.362　不動産　勝者と敗者
No.363　弁護士業界　最前線
No.364　YouTubeの極意
No.365　デジタル大国　中国
No.366　地銀　大再編
No.367　おうちで稼ぐ!
No.368　老後マネーの育て方
No.369　製薬　大リストラ
No.370　リスクシナリオ　2021
No.371　富裕層マル秘マネー学

週刊東洋経済eビジネス新書　No.383
不動産投資　光と影

【本誌（底本）】
編集局　一井　純、森　創一郎、梅咲恵司
デザイン　藤本麻衣、池田　梢、小林由依
進行管理　三隅多香子
発行日　2021年4月24日

【電子版】
編集制作　塚田由紀夫、長谷川　隆
デザイン　大村善久
制作協力　丸井工文社
発行日　2022年1月27日　Ver.1

発行所　〒103-8345
東京都中央区日本橋本石町1-2-1
東洋経済新報社
電話　東洋経済コールセンター
03（6386）1040
https://toyokeizai.net/
発行人　駒橋憲一

電子書籍化に際しては、仕様上の都合などにより適宜編集を加えています。登場人物に関する情報、価格、為替レートなどは、特に記載のない限り底本編集当時のものです。一部の漢字を簡易慣用字体やかなで表記している場合があります。本書は縦書きでレイアウトしています。ご覧になる機種により表示に差が生じることがあります。

※本刊行物は、電子書籍版に基づいてプリントオンデマンド版として作成されたものです。